清·段長基 著
王彩琴
張虹
張艷
席德育 點校

歷代統紀表（二）

歷代一統表之一

全國高校古籍整理研究委員會資助項目
河南古都文化研究中心學術文庫成果
白河書齋河洛文獻系列叢書之三

文物出版社

歷代統紀表卷之四

偃師段長基述
孫 鼎鑰 鼎鈞 校刊

東漢。○注：凡十二傳，一百九十六年。世祖光武皇帝。○注：名秀，字文叔，長沙定王發之後，復興漢室，都洛陽，在位三十三年，壽六十三歲。

乙酉，建武元年。春正月，方望以前定安公嬰稱帝于臨涇。玄遣兵擊斬之。

夏四月。六月，蕭王即皇帝位。

同姓王。			
異姓王。			
割據。成紀 ○注：隗囂。			成紀
淮南 ○注：李憲。			淮陽
蜀 ○注：公孫述。		公孫述稱成帝，號龍興。	蜀
赤眉 ○注：樊崇。	赤眉至宏農，玄遣兵擊敗之。大敗赤眉，進至湖縣。		赤眉
三水 ○注：盧芳。			三水
漁陽 ○注：彭寵。			漁陽
異國王。			

改元，大赦。○注：王還至中山，諸將復上尊號；不聽。到南平棘，復固請之，不許。耿純、馮異又勸之甚切。會帝同舍儒生自關中奉赤伏符來詣王，曰：『劉秀發兵捕不道，四夷雲集龍鬭野，四七之際火爲主。』羣臣因復奏請。乃即位于鄗南。長安亂，玄奔新豐。

秋七月，以鄧禹爲大司徒，王梁爲大司空，吳漢爲大司馬，伏湛爲尚書令。八月，玄復入長安。

九月，封玄爲淮陽王。

以劉盆子稱帝。

赤眉入長安，玄奔高

以卓茂爲太傅，封褒德侯。

冬十月，朱鮪以洛陽降。帝入都之。

十一月。

十二月，鄧禹承制，以隗囂爲西州大將軍。

戌丙，二年，春正月朔，月食，悉封諸功臣爲列侯。立宗廟郊社於洛陽。

夏四月。

		淮陽王降于赤眉。	梁王永稱帝。			封兄縯子章爲太原王、興爲魯王、
成紀				隗囂據天水，自稱西州上將軍。		
淮陽						
蜀						
赤眉	陵。			赤眉殺淮陽王。	赤眉大掠長安，西入安定北地。	
三水				盧芳據安定，自稱西平王，匈奴迎之，以爲漢帝。		
漁陽					漁陽太守彭寵反。	

六月，立貴人郭氏爲皇后，子彊爲皇太子。○注：東漢皇后皆自貴人進立，序也。

秋九月。

冬十二月初，復宗室爲莽所絶者。三輔大饑。

淮陽王子三人爲列侯。蓋延擊劉永，圍睢陽。遣吳漢擊宛，更始妻子來降，封侯。	蓋延克睢陽，劉永走湖陵。青徐盜張步等降。		
		赤眉發掘諸陵，復入長安。	三輔大饑。赤眉東出。

亥丁，三年，春正月，立四親廟于洛陽。○注：祀南頓君①以上至春陵節侯。鄧禹上太司徒印綬，以爲右將軍。

劉盆子降，帝得傳國璽綬。

○注：秦以前以金銀爲方寸璽，秦得和氏璧，乃以玉爲之。李斯書其文曰：『受命於天，既壽永昌。』號傳國璽。漢高定三秦，子嬰獻之。后王莽篡，就元后，取之；莽敗，王憲得之；李松入長安斬憲，取璽送上更始。更始承赤眉，赤眉立劉盆子，盆子奉上光武。

劉盆子及丞相徐宣以下降。

以馮異爲征西大將軍。

成紀

淮陽

蜀

赤眉

馮異大破赤眉于崤底，賊衆東走。帝勒軍宜陽，降之。得傳國璽。

三水

漁陽

①南頓君：劉欽，劉秀之父。曾任汝南郡南頓縣令。

二月。

三月，以伏湛爲大司徒。帝自將，征鄧奉。夏四月，奉降，誅之。五月，帝還宫。晦，日食。

秋七月。

冬十月，帝如舂陵，祠園廟。

	睢陽人反城迎劉永，蓋延引兵圍之。	睢陽人斬劉永以降。諸將立其子紆復爲梁王。	
劉永立其將軍董憲爲海西王，張步爲齊王。步執東萊太守伏隆，殺之。○隆，伏湛之子也。			
	彭寵自稱燕王。	岑彭擊秦豐于鄧，破之。進圍黎邱。	

	十一月，帝還宮。	戊子，四年，春，夏四月，帝如鄴。六月，還宮。	秋七月，帝如譙。	八月，帝如壽春。	冬十月，帝還宮。太傅卓茂卒。	十二月，帝如黎邱。
			遣馬武、王霸圍紆于垂惠。			
成紀					隗囂遣馬援奉書入見。	
淮陽	淮南李憲稱帝。			遣將軍馬成擊李憲，圍舒。		
蜀		鄧禹擊延岑，破之。岑奔蜀，公孫述以爲大司馬。				公孫述遣使招囂，囂斬其使。
赤眉						
三水						
漁陽			遣耿弇、祭遵討張豐，斬之。弇遂進擊彭寵。			遣朱鮪圍秦豐。

己丑，五年，春正月，帝還宮。遣來歙送馬援歸隴右。	二月，帝如魏郡。	夏四月。	六月。	秋七月。	冬十月，帝如魯。
	蘇茂救垂惠，馬武、王霸擊破之，劉紆奔俊彊。			俊彊以衆降。梁人斬劉紆以降。	
	遣使迎上谷太守耿況還京師，封牟平侯。	竇融遣使奉書入見。詔以融爲涼州牧。			耿弇拔祝阿、濟南、臨菑與，張步
	彭寵奴，斬寵來降。夷其族。封其奴爲不義侯。		秦豐降，斬之。		

初起太學，帝還視之。

十一月，大司徒伏湛免，以侯霸爲大司徒。

十二月，徵處士周黨、嚴光、王良至京師。黨、光不屈，以王良爲諫議大夫。

戰，大破之。步斬蘇茂以降，齊地悉平。

成紀

隗囂遣子入侍。帝以囂與馬援、來歙相善，數使歙、援奉使往來，勸令入朝，許以重爵。囂言無功德，須四方平定，退伏閭里。帝復遣來歙説囂，遣子入侍。囂聞劉永、彭

淮陽

蜀

赤眉

三水

盧芳入塞，掠據五郡。

漁陽

交阯①牧鄧讓等遣使貢獻。王莽末，交阯諸郡，閉境自守。岑彭素與讓厚善，與讓書，陳國家威德；又遣偏將軍屈充移檄江南，頒行詔命。于是讓與江夏太守侯登、武

①交阯：『阯』同『趾』，異體字。《禮記》作『交趾』。《漢書》作『交阯』。

寵皆滅。乃遣長子恂隨歙詣闕。帝以爲胡騎校尉，封鐫羌侯。鄭興因恂求歸葬父母，與妻子俱東。馬援亦將家屬隨恂歸洛陽。

陵太守王堂、長沙相韓福、桂陽太守田翕、蒼梧太守杜穆、交阯太守錫光等，相率遣使貢獻。悉封爲列侯。錫光者，漢中人，在交阯教夷民以禮義。帝復以宛人任延爲九真太守，延教民耕種、嫁娶。故嶺南華封，始于二守焉。竇融承制，以莎車王康爲西域大都尉。元帝之世，莎車王延嘗爲侍子京師，慕樂中國。

丙寅，六年，春。

馮異入朝。吳漢等拔朐①，斬董憲、

成紀

淮陽

蜀

赤眉

三水

漁陽

及王莽之亂，匈奴略有西域，唯延不肯附屬，常敕諸子：『當世奉漢家，不可負也。』延卒，子康立。康率旁國②拒匈奴，擁衛故都護吏民、妻子千餘口。檄書河西，問中國動静。竇融乃承制，立康爲漢莎車建功懷德王、西域大都尉。五十五國皆屬焉。

①朐：地名。（qú） ②旁國：鄰國。

夏四月，帝如長安，謁園陵。
五月，還宮。
秋九月晦，日食。
冬十二月，大司空宏免。

辛卯，七年，春三月，夏五月，以李通爲大司空。
冬，

龐萌。江、淮、山東悉平。

竇融遣弟上書。

隗囂反，使其將王元據隴坻。諸將與戰，大敗而還。

隗囂遣兵下隴，祭遵、馮異擊破之。隗囂降蜀。

公孫述立隗囂爲朔寧王。

馮異擊盧芳、匈奴兵，破之。北地、上郡、安定，皆降。

盧芳以事誅五原太守李

		壬辰，八年，夏閏四月，帝自將征囂。潁川盜起。秋九月，帝還宮。自將討平之。〇注：帝征隴西，自夏徂秋，經歷數月，至是還宮。甫六日，一聞潁川盜起，即自將討之。其不自暇逸，爲何如哉。
成紀		帝自將征囂，以竇融等率五郡兵以從。囂衆皆降，囂奔西城，吳漢引兵圍之。
淮陽		
蜀		
赤眉		
三水	興兄弟。朔方、雲中二郡降。帝令領職如故。	
漁陽		

冬。	癸巳，九年，春正月。	秋八月。	甲午，十年，夏，秋八月，帝如長安，遂至汧[①]。	冬十月，帝還宮。
	征盧將軍、潁陽侯祭遵卒于軍，詔馮異領其衆。		征西大將軍、夏陽侯馮異卒于軍。	
公孫述遣兵救隗囂，吳漢引兵下隴。	隗囂死，諸將立其子純。	歙率異等討隗純于天水。		來歙等攻破落門，隗純降，囂將王元奔蜀。
公孫述遣兵救囂。	公孫述遣兵陷夷陵，據荊門。			
				先零羌寇金城，來歙擊破之。

① 汧：在今陝西隴縣一帶。汧，(qiān)。

		乙未，十有一年，春三月。	夏六月，帝自將征蜀。	秋七月，次長安，帝還宮。	冬十月。	丙申，十有二年。
成紀	隴右悉平。○徙諸隗于京師以東。後隗純與賓客亡入胡，至武威，捕得，誅之。					
淮陽						
蜀		吴漢會岑彭，伐蜀，破其浮橋，遂入江關。	公孙述遣王元拒河池。六月，来歙、蓋延擊破之。述使盗殺来歙。詔馬成代之。	岑彭、臧宫大破蜀，王元以衆降。	公孙述使盗殺岑彭。	
赤眉						
三水						
漁陽						
			先零羌反，马援擊破之。			

春正月。秋九月，大司空通罷。

冬十一月，竇融以五郡太守入朝。詔以融为冀州牧。

丁酉，十有三年，春正月，大司徒侯霸卒，以韓歆为大司徒。以紹嘉公

諸王皆降爲公侯。

雍奴侯寇恂卒。

吴漢大破蜀兵，遂拔廣都。

公孙述引兵出戰，吴漢擊殺之。述將延岑以成都降，蜀地悉平。○按述，莽太守也，據益州稱帝，帝屢作書示禍福，述不報。帝使吴漢、蓋延、臧宫、岑彭來歙等伐述，敗之，後述迎戰中創死，延、岑以成都降。

盧芳與匈奴、烏桓連兵寇邊。遣將軍杜茂將兵，築亭障以備之。

盧芳奔匈奴。

参狼羌寇武都，馬援擊破之。

	孔安爲宋公，承休公姬常爲衛公。夏四月，大饗將士，諸臣皆增邑受封，以竇融爲大司空。	戊戌，十有四年。	己亥，十有五年，春正月，免大司徒歆歸里。自殺。以歐陽歙爲大司徒。
成紀			
淮陽			
蜀			
赤眉			
三水			
漁陽			
		莎車、鄯善遣使奉獻，請置都護，不許。西域苦匈奴重斂，皆願屬漢，上以中國新定，不許。	

夏四月。

冬十一月，大司徒歙有罪，下獄死。以戴涉爲大司徒。

追謚兄縯爲齊武公。

盧芳復入居高柳。

庚子，十有六年，春二月。

冬十月。

盧芳降，立爲代王。芳入朝，至昌平，有詔

交阯女子徵側、徵貳反。交阯麊泠縣雒將女子徵側甚雄勇，交阯太守蘇定以法繩之。徵側忿怨，與妹徵貳反，凡略六十五城，自立爲王。

		辛丑，十有七年，冬十月，廢皇后郭氏，立貴人陰氏爲皇后。帝如章陵。十二月，還宮。		壬寅，十有八年，春三月，帝如河東祠后土。夏四月，帝還宮。
		進右馮翊王輔爲中山王。		
成紀				
淮陽				
蜀				
赤眉				
三水	止，更朝明歲。			
漁陽				
			以莎車王賢爲漢大將軍。以馬援爲伏波將軍討交阯。馬援與徵側、徵貳戰，大敗之。	

五月。

癸卯，十有九年，春正月，尊孝宣皇帝廟爲中宗。始祀元帝以上于太廟，成帝以下于長安，徙四親廟于章陵。

夏六月，廢皇太子彊爲東海王，立東海王陽爲皇太子，改名莊。○注：郭后廢，太子彊不自安，郅惲説太子曰：『久處疑位，上違孝

賜洛陽令董宣錢三十萬。

盧芳復反，奔匈奴。芳自昌平還，内疑懼，遂復反。匈奴迎芳入塞。芳留匈奴中，病死。

馬援斬徵側、徵貳。

	五月，	二十年，甲辰，春二月，帝還宮。夏四月，大司徒涉下獄死。大司空竇融坐免。	道，下近危殆，不如辭位奉母。』太子從之。帝不忍數歲，乃詔曰：『東海王陽，皇后之子，宜承大統。皇太子彊，顧備藩國。父子之情，重久違之。其封彊爲東海王，立陽爲皇太子。』秋九月，帝如南頓，賜復[1]二歲。
	大司馬廣平侯吳漢卒。		
成紀			
淮陽			
蜀			
赤眉			
三水			
漁陽			
	匈奴寇上黨、天水、扶風。		

①賜復：復除制度。源於西周。根據法律或帝王詔令免除應服的徭役、賦稅。

六月，以蔡茂爲大司徒，朱浮爲大司空。

徙中山王輔爲沛王。○輔，廢后子也。

乙巳，二十有一年，

春正月，

冬。

烏桓與匈奴、鮮卑連兵入寇。

匈奴寇上谷、中山。西域十八國遣子入侍，請都護。不許。○莎車王賢驕橫，欲兼并西域。西域諸國懼。車師、鄯善、焉耆等十八國俱遣子入侍。

午丙，二十有二年，

春閏正月，帝如長安。

	祠高廟、土①陵。二月，還宮。冬，大司空浮免，以杜林爲大司空。	丁未，二十有三年，夏五月，大司徒茂卒。秋八月，大司空林卒。以王況爲大司徒，張純爲大司空。鬲侯朱祜卒。	戊申，二十有四年，春正月。
成紀			
淮陽			
蜀			
赤眉			
三水			
漁陽			
	匈奴單于輿死，子蒲奴立，求和親，許之。西域復請都護，不許。遂附于匈奴。	武陵蠻反。	匈奴南邊八部立日逐王比爲南單于，款塞内

①土：當作「十一」。

秋七月。

冬十月。

己酉，二十有五年。

附〇比，前單于烏珠留之子爲左薁鞬日逐王，領南邊八部。八部大人共議立比爲呼韓邪單于，款五原塞，願永爲藩蔽，扞禦北虜。議者皆以中國初定，不可許，耿國獨以爲宜。帝從之。于是始分爲南北匈奴。

馬援征武陵蠻。

匈奴南單于遣使入貢。

	春正月。	夏。
		新息侯馬援卒于軍,詔收其印綬。○胡氏曰:『梁松坐馬援書,叩頭流血,帝所親見也。而使之乘驛,責援代監其軍。援請營壺頭①,耿舒請從充道,兩事
成紀		
淮陽		
蜀		
赤眉		
三水		
漁陽		
	貊人、鮮卑、烏桓并入朝貢。○鮮卑、烏桓本皆東胡種。漢初,匈奴冒頓破東胡,其餘衆散,保烏桓山鮮卑山爲二族。南單于擊北單于,破之。來請使者監護。	

①壺頭:山名。

冬十月。

俱上，帝從援策。尋復聽舒咎援失利誣陷之言，又自松口。帝平日料敵制勝，明見萬里之外，乃于此舉屢失事，宜得非春秋既高，智有所困耶？不然，有臣如援，而不保，令終其爲君德之累，豈小小哉。』

羣蠻降。○馬援征武陵，立陷臨鄉。會暑甚，士卒多疫，援亦卒于軍。時謁者宗均監援軍，以道遠士病，不可以戰。乃矯

	庚戌			辛亥
	庚戌，二十有六年，春，初作壽陵。	秋。	冬。	辛亥，二十有七年，夏，大司徒況卒。五月，詔三公去大名。改司馬曰太尉。以趙憙爲
成紀				
淮陽				
蜀				
赤眉				
三水				
漁陽				
制調伏波司馬呂种奉詔書入虜，告以恩信，勒兵。鑾懽兵，斬其大帥而降。遼西、烏桓內屬，置校尉以領之。	立南單于庭，置使匈奴中郎將以領之。	南單于遣子入侍。	徙南單于居西河美稷。	北匈奴求和親，不許。

太尉，馮勤爲司徒。

壬子，二十有八年，春，夏六月，沛太后郭氏薨。

徙魯王興爲北海王，以魯益東海。

秋八月，以張佚爲太子太傅，桓榮爲少傅。

遣諸王就國。

北匈奴乞和親，許之。

癸丑，二十有九年，春二月朔，日食。

甲寅，三十年，春二月，帝東巡。閏月，還宮。有星孛于紫宮。

夏。

膠東侯賈復卒。

乙卯，三十有一年。

丙辰，建武中元元年，春二月，帝東巡封泰山，禪梁陰[1]。三月，司空純卒。夏四月，帝還宮，赦，改元。六月，以馮魴爲司空。司徒勤卒。京師醴泉[2]出，赤草生。郡國言甘露降。冬十月，以李訢爲司徒。尊薄太后曰高皇后，遷呂太后主于園。

成紀

淮陽

蜀

赤眉

三水

漁陽

①梁陰：梁父山。 ②醴泉：甜美的泉水。

薄后配食地祇，呂后四時上祭。

十一月，起[1]明堂、靈臺、辟雍[2]，宣布圖讖[3]于天下。

丁巳，二年，春正月，初立北郊，祀后土。二月，帝崩。太子莊即位，尊皇后曰皇太后。三月，葬原陵。

南單于比死，弟莫立。

①起：筑。②靈臺、辟雍：明堂，皇帝宣政教的地方。靈臺，觀象臺。辟雍，太學。③圖讖：古代關於宣揚迷信的預言、預兆的書。

夏四月，以鄧禹爲太傅。

東平王蒼爲驃騎將軍。

成紀

淮陽

蜀

赤眉

三水

漁陽

燒當羌反，遣馬武等討之。〇燒當，西羌種號也，無弋爰劍之後，從爰劍五世至研，研最豪健，自後以研爲種號。又十三世，至燒當，時元帝朝也，燒當復豪健，子孫更以爲種號。居河北大允谷，羌豪本滇氏，滇本西夷國名，楚莊王弟莊蹻爲國于此。漢武時，滇王降，以其地爲益州，其後因以真爲氏焉。

	同姓王。	異姓臣。	異國王。
漢顯宗孝明皇帝。○注：光武子。改名莊，在位十八年，壽四十八歲。戊午，永平元年，春正月，朝原陵。			
夏五月，太傅、高密侯鄧禹卒。	東海王彊卒。	高密侯鄧禹卒。	
秋七月。		好畤侯耿弇卒。	馬武等擊羌，破之。祭肜討烏桓，大破之。
己未，二年，春正月，宗祀光武皇帝于明堂，始服冠冕、玉珮。登靈臺，望雲物。三月，臨辟雍，行大射禮。			
冬十月，行養老禮。帝如長安。	中山王焉就國。		

十一月，遣使者以中牢祠蕭何、霍光。帝過，式①其墓。是月，還宮。

○注：王爲郭太后少子，尤愛之，故獨留京師。至是始就國。

遣使者以中牢祠蕭何、霍光。帝過，式其墓。

庚申，三年，春二月，太尉憙、司徒訢免，以郭丹爲司徒，虞延爲太尉。立貴人馬氏爲皇后，子炟爲皇太子。圖畫中興功臣于雲臺。夏六月，有星孛于天船北。冬十月，帝奉皇太后如章陵。

辛酉，四年，春，帝如河內，不至而還。

①式：通『軾』。以手撫軾，表尊敬的禮節。

冬十月，司徒丹、司空魴免，以范遷爲司徒，伏恭爲司空。		陵鄉侯梁松下獄死。	于寘攻莎車王賢，殺之。
壬戌，五年，春二月。冬十月。帝如鄴。是月，還宮。	東平王蒼歸藩。○注：蒼以至親輔政，聲望日重，意不自安，累上疏：『乞上驃騎將軍印綬，退就藩國。』辭甚切，帝乃許。		
十一月。		安豐侯竇融卒。	北匈奴寇五原、雲中，南單于擊却之。
癸亥，六年，春二月，雒山出寶鼎。詔禁章奏浮詞。			
甲子，七年，春正月，皇太后陰氏崩。二月，葬光烈皇后。		以朱均爲尚書令。	北單于求合市①，許之。

①合市：猶互市，聚集貿易。

乙丑，八年，春正月，司徒遷卒，以虞延爲司徒。

冬十月，帝遣使之天竺求佛法，得其書及沙門攝摩騰至京師，置於鴻臚寺。是月晦，日食。既。

以鄭衆爲軍司馬。

丙寅，九年，夏四月，詔司隸刺史歲考長吏，殿最以聞。大有年[①]。

匈奴遣子入學。

丁卯，十年，春二月。

廣陵王荊有罪，自殺，國除。○注：荊，帝母弟也。

①大有年：大豐年。《穀梁傳》：「五穀大熟，爲大有年。」

夏閏四月，帝如南陽。冬十二月，還宮。			
戊辰，十有一年，春正月。	東平王蒼來朝。		
己巳，十有二年。春。 夏四月，修汴渠堤。秋七月，司空恭罷，以牟融爲司空。			哀牢内附。○注：哀牢王柳貌率其民五萬餘户内附○哀牢，南夷種名，居于牢山。明帝置爲縣，屬永昌郡，即今大理國。
庚午，十有三年。			

夏四月，汴渠成。

冬十一月。

楚王英有罪，廢，徙丹陽。

辛未，十有四年，春三月，司徒延有罪，自殺。

夏四月，以邢穆爲司徒。初作壽陵。

故楚王英自殺。

壬申，十有五年，春二月，帝東巡，耕于下邳。三月至魯，詣孔子宅。封皇子六人爲王。

皇子恭爲鉅鹿王、黨爲樂成王、衍爲下邳王、暢爲汝南王、昞爲常山王、長爲濟南王。

癸酉，十有六年，春二月，夏五月，司徒穆有罪，下獄死。以王敏爲司徒。 秋七月。		甲戌，十有七年，春正月，謁原陵。司徒敏卒，以鮑昱爲司徒。
	徙淮陽王延爲阜陵王。○注：上以延罪薄于英，徙爲阜陵王，食二縣。	北海王睦卒。○注：王少好學，光武及上皆愛之。
遣太僕祭肜及竇固等伐北匈奴，固取伊吾盧地，肜不見虜而還，下獄免，卒。		
西域諸國遣子入侍。	北匈奴大入雲中。	白狼等國入貢。竇固、班超執疏勒

夏五月，百官上壽。冬十一月。

竇固等擊車師，降之。復置西域都護、戊己校尉。

王兜題而更立其故王子忠。○注：初，龜兹王建爲匈奴所立，倚恃虜威，攻殺疏勒王，立其臣兜題爲疏勒王。班超從間道至，先遣吏田慮往降之。不降，便可執之。吏乘其不備，遂劫縛兜題，馳報超。超即赴之，召疏勒將吏，説以龜兹無道之狀。因立其故王兄子忠，國人大悦。遂將兜題解，遣之。

乙亥，十有八年，春二月。

夏六月，有星孛于太微。秋八月，帝崩。太子炟即位，尊皇后曰皇太后。葬顯節陵。○注：在河南府城東南。冬十月，以趙憙爲太傅，牟融爲太尉，并録尚書事。

十一月，以第五倫爲司空。大旱。

竇固軍還。

以舅馬廖爲衛尉、防爲中郎將、光爲越騎校尉。

北匈奴擊車師後王安得，殺之。遂攻戊校尉耿恭，恭擊却之。

西域攻没都護陳睦，北匈奴圍已校尉關寵。車師叛，與匈奴共圍耿恭。詔

肅宗孝章皇帝，〇注：名炟，明帝子。在位十三年，壽三十一歲。丙子，建初元年，春正月，詔廩贍饑民。詔二千石勸農桑，慎選舉，順時令，理寃獄。

秋八月，有星孛于天市。

丁丑，二年，夏四月，大旱。

還坐楚淮陽事，徙者四百餘家。

酒泉太守段彭將兵救之。

關寵敗没。段彭擊車師，匈奴走，車師復降。罷都護及戊、己校尉①官，班超留屯疏勒。

哀牢王反，郡兵擊斬之。

①戊、己校尉：掌屯田事務。《後漢書》：『元帝又置戊、己校尉，屯田于車師前王庭。』

秋八月，冬十二月，有星孛于紫宮。	戊寅，三年，春，宗祀明堂。三月，立貴人竇氏爲皇后。○注：竇勳之女也，勳，融之孫也。	冬十二月。	己卯，四年，春二月，夏四月，立子慶爲皇太子。
		有司奏遣諸王就國，不許。○注：上性篤愛，不忍與諸弟乖離。	
	詔徵防還。下恭獄，免其官。	以馬防爲車騎將軍。	太尉牟融卒。
燒當羌反，馬防、耿恭擊破之。			

五月，以鮑昱爲太尉，桓虞爲司徒。六月，皇太后馬氏崩。秋七月，葬明德皇后。冬十一月，詔諸儒會白虎觀，議五經同異。		封馬廖等爲列侯，以特進就第②。	
庚辰，五年，春二月朔，日食。舉直言極諫。夏五月。		太傅憙卒。遣弛刑、義從就班超。平西域①。	
辛巳，六年，夏六月，太尉昱卒，以鄧彪爲太尉。			
壬午，七年。			

①當作『遣徐幹，將弛刑及義從千人就超。平西域』。②特進就第：以特進身份離開官位。特進，官名。授予列侯中有特殊地位的人。就第，免職。

春正月。	三月。	夏六月，廢太子慶爲清河王，立子肇爲皇太子。○注：初，帝納扶風宋楊二女爲貴人，大貴人生太子慶。梁竦二女亦爲貴人，小貴人生皇子肇。竇皇后無子，養肇爲子。謀陷宋氏誣言欲爲厭勝之術。乃廢慶爲清河王，以肇爲皇太子。出宋貴人，使小黄門蔡倫案之，皆飲藥自殺。慶時雖幼，亦知避禍，言不敢及宋氏。帝更憐之。	秋八月。
沛王輔、濟南王康、東平王蒼、中山王焉來朝。○注：皆光武之子也，帝待之甚厚。	歸國，詔留東平王蒼于京師。		東平王蒼歸國。

九月，帝如偃師，遂至河内。封蕭何末孫熊爲酇侯。

癸未，八年。春正月。

東平王蒼卒。

班超爲西域將兵長史。下梁竦獄，殺之。馬廖、馬防有罪，免官就國。

甲申，元和元年，夏六月，詔議貢舉法。秋七月，詔禁治獄慘酷者。八月，太尉虒罷，以鄭宏爲太尉。帝南巡至宛。冬十一月，還宮。

乙酉，二年，春正月，詔賜民胎養穀，著爲令。

二月，帝東巡，耕于定陶。柴告①岱宗②，宗祀明堂③。三月，至魯祠孔子。至東平祠獻王陵。夏四月，還宮，假于祖禰④。秋七月，詔定律，毋以十一月、十二月報囚⑤。

冬。

丙戌，三年，春正月，詔嬰兒無親屬及有子不能養者廩給之。帝北巡，耕于懷。三月，還宮。

南單于與北單于戰，破之。

①柴告：祭祀的一種，燔柴禱告。②岱宗：泰山。③明堂：古代帝王所建的最隆重的建築物，用作朝會諸侯、發佈政令、秋季大享籍田并祭祀祖宗。④祖禰：祖廟與父廟。⑤報囚：判決罪犯。

夏四月，收太尉宏印綬[①]。宏自繫獄出之而卒，以宋田爲太尉。

五月，司空倫罷，以袁安爲司空。詔詩中曹褒議漢禮。

燒當羌反，郡兵追獲之。疏勒王忠詐降，班超斬之。○注：南道遂通。

丁亥，章和元年，夏六月，司徒虞免，以袁安爲司徒，任隗爲司空。

秋八月，曹褒奏所撰制度。改元。

鮮卑擊北匈奴，斬優留單于。獲羌校尉張紆擊羌，斬其帥迷吾。其子迷唐據

①印綬：舊時稱印信和繫印的綬帶。這裏指官爵。

戊子，二年，春正月，帝崩，太子肇即位，尊皇后曰皇太后。

濟南王康、中山王焉來朝。

大小榆谷以叛。○注：夫小榆谷在臨洮府蘭縣西一百里。北匈奴五十八部來降。班超發諸國兵擊莎車，降之。

三月，葬敬陵。○注：在河南府城東南。太后臨朝。以鄧彪爲太傅，録尚書事。百官總己①以聽。○注：《綱目》書。百官聽己者三。王莽、楊駿、鄧彪，惟鄧彪無責焉。夏四月，以遺詔罷鹽鐵之禁。旱。

冬十月。

孝和皇帝。○注：名肇章帝子，時年十四歲，在位十七年，壽二十七。

諸王始就國。

侍中竇憲殺都鄉侯②暢。太后以憲爲車騎將軍，使擊北匈奴以贖罪。以鄧訓爲護羌校尉。

①總己：總攝己職。②都鄉侯：東漢所封侯国名，在列侯之下，關内侯之上。侯(hòu)。

己丑,永元元年,春正月,下尚書僕射郅壽吏①,壽自殺。

夏六月,秋七月,會稽山崩。

九月,大水。

庚寅,二年,春二月,日食。

封齊武王孫無忌爲齊王,威爲北海王。○注:初北海哀王無後,肅宗以齊武王首創大業。遺詔令復二國。至是皆封。

鄧訓掩擊迷唐,大破之。

竇憲擊北匈奴,大破之。登燕然山,刻石勒功而還。

以舅竇憲爲大將軍。

鄧訓掩擊迷唐,大破之。諸羌皆降。

竇憲擊北匈奴,大破之。

竇憲遣兵復取伊吾盧地。車師遣子入侍。月氏遣使奉獻。

①吏:吏部獄。

秋七月。		竇憲出屯涼州。	
九月。			北匈奴款塞②求朝，竇憲遣兵襲擊，破之。
辛卯，三年，春正月，帝冠。二月。		竇憲殺尚書僕射樂恢。	竇憲遣兵擊北匈奴于金微山，單于走死。
冬十月，帝如長安，竇憲來會。十二月，以班超爲西域都護、騎都尉。帝還宮。		竇憲來會車駕。○注：不臣①之罪見矣。	龜兹、姑墨、温宿諸國來降。

①不臣：不守臣節，不合臣道。

②款塞：叩塞門。謂外族前來通好。指異族誠意來到邊界歸順。與『寇邊』相對。塞（sài）。

壬辰，四年，春正月，三月，司徒安卒，以丁鴻爲司徒。

夏四月。

六月朔，日食。地震，旱、蝗。

竇憲還京師。

大將軍竇憲伏誅。○注：竇氏父子兄弟並爲卿校，充滿朝廷。有逆謀，帝知其謀而外臣莫由親接。以鈎盾令鄭衆有心機，密議誅之。班固附竇氏，并死獄中。帝纔年十四，乃能選用秘臣，密求故事，勒誅賊臣。中外肅清，足以繼孝昭之烈矣。所可恨者，三公不與大政，而鄭衆有功。

立北匈奴於除鞬爲單于。

秋七月，太尉由有罪，策免①，自殺。

八月，司空隗卒，以尹睦爲太尉、録尚書事，劉方爲司空。

癸巳，五年，春正月，太傅彪卒。

由是宦者用權，馴致②亡漢，可胜嘆哉！以宦者鄭衆爲大長秋③。

護羌校尉鄧訓卒。

迷唐復反。

北匈單于畔④，遣兵追斬滅之。鮮卑徙據北匈奴地。○注：鮮卑既據北匈奴故地，匈奴餘種十餘萬落，皆自號鮮卑，鮮卑由此漸盛。

①策免：意思是帝王以策書免官。②馴致：順其自然而逐漸達到。馴，副詞。逐漸地，循序漸進。③大長秋：官名。④畔：古同『叛』。

冬十月，太尉睦卒，以张酺爲太尉。

甲午，六年，春正月，司徒鴻卒，以劉方爲司徒，張奮爲司空。

秋，旱。以陳寵爲廷尉。

梁王暢有罪，詔削二縣。

護羌校尉貫友攻迷唐，走之。南匈奴單于屯屠何死，單于宣弟安國立。

使匈奴中郎將杜崇等殺安國立。左賢王師子爲單于。

班超發八國兵討焉耆，斬其王廣。北匈奴降者脇立。屯屠何子逢侯叛走出塞。遣將軍鄧鴻等擊之，不及。鴻及杜崇等皆坐誅。

乙未，七年，夏四月朔，日食。秋七月，易陽地震。○注：書地震，始此。九月，地震。

丙申，八年，春二月，立貴人陰氏爲皇后。夏，蝗。

丁酉，九年，春三月，隴西地震。夏六月，旱、蝗。除田租及山澤税。

秋閏八月，皇太后竇氏崩，葬章德皇后。 九月，冬十月，追尊梁貴人爲恭懷皇太后，葬西陵。以呂蓋爲司徒，司空奮罷，以韓稜爲司空。		戊戌，十年。夏五月，大水。秋七月，司空稜卒，以巢堪爲司空。 冬十二月。	
	劉方自殺。		
迷唐寇隴西，遣將軍劉尚討破之。			迷唐詣闕貢獻。匈奴南單于師子死，單于長之子檀立。

己亥，十有一年，春二月，遣使循行廩貸。○注：志恤民也，特書之。

庚子，十有二年，夏四月，秭歸山崩。秋七月朔，日食。太尉酺免，以張禹爲太尉。

迷唐復叛。

辛丑，十有三年，春正月，帝幸東觀。○注：美崇儒也。

秋。

迷唐寇金城，郡兵擊破之。

冬，詔邊郡舉孝廉。司徒蓋致仕，以魯恭爲司徒。

鮮卑寇右北平、漁陽。巫蠻反，寇南郡。

御批 人主撫有天下，玉食萬方，若窮極異味，何求而不得？第軫念

壬寅，十有四年，春。			安定羌反，郡兵擊滅之。復置西海郡。
夏四月。			荊州兵討巫蠻，大破，降之。
六月，皇后陰氏廢，死。○注：有謂后挾巫蠱道者，后坐廢，以憂死。		詔班超還京師。	
冬十月，立貴人鄧氏爲皇后。○注：鄧訓女，鄧禹孫也。司空堪罷，以徐防爲司空。		封宦者鄭衆爲鄛鄉侯。○注：漢末之禍始此矣。	
癸卯，十有五年，夏四月晦，日食。○雨水。冬十月，帝如章陵。十一月，還宮。詔太官，勿受遠國珍羞。			

下民，供億之煩誠有所不忍爾。如宋仁宗，計蛤蜊之費，一下筯二十八千，吾不堪焉。又中夜偶思燒羊，復戒左右，勿令宣索，恐膳夫奉行，沿爲成例。徒靡有用之物，以備不時之需，皆此意也。況養生之道，尤以節飲食

甲辰，十有六年，秋七月，旱。司徒恭免，以張酺爲司徒。八月卒，以徐防爲司徒，陳寵爲司空。

乙巳，元興元年，春，冬十二月，帝崩，太子隆即位。○注：初，帝失皇子十數，後生者，輒隱秘養于民間，群臣無知者。及帝崩，皇后乃收皇子于民間。長子勝，有痼疾。少子隆，生始百餘日，迎立爲太子，即位。惠帝之末，書太子即位，而不書立太子，他人子也。于是，太后收皇子于民間，則其正統明矣。不書立爲太子，何迎立于發喪之後也。元孫嬰，則何以書。王莽居攝，嬰未

北匈奴請和親。

高句驪寇遼東。

爲要義。朕自御極以來，凡所供餚饌，皆尋常品味，未嘗羅列珍羞，侈以自奉。然于日用常餐，猶加意撙節，適可而止，頗得調攝之方。縱恣口腹者，無益而有損。此人情所易忽，不可不慎。

嘗即位，書立爲皇太子，所以正名也。然則隆不書立，與少帝何別焉？即位書名，所以爲異也。兩漢太子不書立二(少帝，殤帝)。冲帝以下不書立太子者五世。非無子，則不早建也。 尊皇后曰皇太后。 太后臨朝。	孝殤皇帝。○注：名隆，和帝子。在位八月。 丙午，延平元年，春正月，以張禹爲太傅，徐防爲太尉，參禄尚書事。 以梁鮪爲司徒。	三月，葬順陵。○注：在河南府城東南。
	封兄勝爲平原王。	清河王慶就國，特加殊禮。○注：慶子祜，年十三，太后以帝幼弱，

夏四月，司空寵卒，以尹勤爲司空。五月，河東垣山崩。○雨水。減用度，遣宮人。秋七月，詔實覈傷害，除其田租。八月，帝崩。太后迎清河王子祜入，即位，太后猶臨朝。○注：后與兄騭定策禁中。迎祜拜長安侯，立以爲和帝嗣。詔檢敕鄧氏賓客。九月，大水。葬康陵。○注：在河南府東南。隕石于陳留。

遠慮不虞，留祜與嫡母耿姬居清河邸。姬，耿況孫也。

以鄧騭爲車騎將軍、儀同三司。

鮮卑寇漁陽。太子[1]張顯戰没。

①太子：當作『太守』。

冬十月，大水、雨雹。十二月，詔舉隱逸，選博士。

清河王慶卒。

孝安皇帝，○注：名祜，章帝孫，清河王之子。在位十九年，壽三十三歲。丁未，永初元年，春二月。三月，日食。

司徒魴卒。

夏四月。五月，以魯恭爲司徒。

封鄧騭及弟悝、宏、閶皆爲列侯。騭辭不受。

六月，秋九月，以寇賊雨水①，策免太尉防、司空勤。

諸羌復叛。

①雨水：地名。

御批 漢安帝時，太后録囚，具得枉實。行未還宫，澍雨遂降，史册書之。若以爲盛事，不知垂簾聽政，亦非國家之福，矧親録囚徒乎？漢室其益衰矣。

冬十二月，地震、大風、雨雹。

○注：是歲，郡國地震十八，大水四十一，雨雹二十八。

戊申，二年，春正月，以公田賦於貧民，遣使稟貸冀兗流民。夏，旱。五月，太后親録囚徒。六月，大水、大風、雨雹。秋七月，太白入北斗。

冬十月。

十一月，地震。

詔鄧騭及校尉任尚將兵屯漢陽，以備羌。

徵鄧騭爲大將軍。

鄧騭擊鍾羌，大敗。

任尚與先零羌滇零戰，大敗。詔遣謁者龐參督諸軍屯。

○注：龐參，緱氏人。

滇零僭稱天子，寇

己酉，三年，春正月，帝冠。京師大饑，民相食。

夏四月。

秋九月。

冬十一月，十二月，地震。有星孛于天苑〇雨水。并涼大饑，人相食。

司徒恭罷。

海賊張伯路寇濱海九郡。

鈔三輔，校尉梁慬破走之。

南匈奴反。

烏桓、鮮卑、南匈奴合兵寇五原。

南匈奴圍中郎將耿种于美稷。遣中郎將龐雄將兵討之。

庚戌，四年，春正月，元會，徹樂，不陳充庭①車。	三月，地震。夏，蝗。秋七月，大水。九月，地震。冬十月，太后母新野君卒。	辛亥，五年，春正月朔，日食◯地震。
遣御史中丞王宗、青州刺史法雄討張伯路。虞詡爲朝歌長史。		
度遼將軍梁慬、遼東太守耿夔擊南匈奴，破走之。	南匈奴降。先零羌寇漢中，太守鄭勤戰死。	羌寇河內，詔遣兵屯孟津。

①充庭：朝儀。每大朝會，陳皇帝車輦儀仗于殿庭，謂之充庭。

三月，徙緣邊郡縣避寇。秋，蝗、雨水。		法雄擊張伯路，破斬之。	遣侍御史任尚擊羌，破之。
壬子，六年，春三月，蝗。夏，詔封建武功臣。五月，旱。			
六月，豫章員谿原山崩。			滇零死于零昌，以杜季貢爲將軍。○注：季貢，漢陽賊也。五年，寇陷上邽。
癸丑，七年，春正月，太后率大臣、命婦謁宗廟。○注：議非古也。二月，地震。			

夏四月晦，日食、秋，蝗。

甲寅，元初元年。春二月，日南地坼。○注：于是地坼長百餘里，秦。庚申，坼長八十五丈，順帝陽嘉二年，坼長百三十步。未有甚于此者，大變也。三月，日食。遣兵屯河内以備羌。夏，旱、蝗。

六月，河東地陷。○注：陷更甚于坼，大變也。冬十月朔，日食、地震。

羌豪號多掠漢中，斷隴道。校尉侯霸與戰，破之。

卯乙，二年，春，夏四月，立貴人閻氏爲皇后。○注：后性妒忌，後宮李氏生皇子保，后酖殺李氏。五月，旱，蝗。

秋八月，九月晦，日食。

冬，十一月，地震。

丙辰，三年，春，地震。三月，日食。

遣中郎將任尚屯三輔。

號多降。○注：西羌種也。零昌寇益州。遣中郎將尹就討之。

遼東鮮卑圍無慮。

以虞詡爲武都太守擊羌，破之。

夏四月，旱。冬，初聽大臣行三年喪。地震。

丁巳，四年。春二月朔，日食。武庫災。

夏四月，策免司空袁敞，敞自殺。

六月，雨雹。

秋七月，雨水。

度遼將軍鄧遵率南單于擊零昌，破之。任尚又擊破之，殺其妻子，并遣羌殺杜季貢。

遼西鮮卑入寇，郡兵擊敗之。

益州刺史張喬討叛羌，羌皆降散。

任尚募羌殺零昌。

地震。	戊午，五年，春，旱。秋八月朔，日食。	冬十月，地震。	巳未，六年。
		鄧遵、募羌殺狼莫。封遵爲武陽侯。徵任尚棄市①。〇注：遵與尚功一爾，而遵以功封，尚以功戮，私之私也。	
越巂夷、封離等反。任尚擊先零羌狼莫，大破，走之。西河虔人種羌降，隴右平。	永昌、益州、蜀郡夷叛。	鮮卑寇上谷，鄧遵、募羌殺狼莫。	

①棄市：在人衆聚集的鬧市，對犯人執行死刑。

春二月，地震。夏四月，大風、雨雹○旱。

秋七月。

冬十二月朔，日食，既○地震。豫章芝草生。

庚申，永寧元年。春三月。

鮮卑寇馬城塞，鄧遵率南單于擊破之。

益州夷降。燉[1]煌太守曹宗遣吏屯伊吾，車師、鄯善復降。

北匈奴、車師後王共殺漢吏。詔復置都護，屯兵。沈氐、當煎、燒當羌入寇。

①燉：同『敦』。

○注：沈氏、東羌種號在上郡西河者，是當煎、東羌種名，亦作煎當。

夏四月，立子保爲皇太子。

校尉馬賢討羌，破之。

秋七月朔，日食○大水。以楊震爲司徒。地震。○注：自鄧后臨朝，大水，雨雹，旱蝗，日食。災異之兆間見層出，而地震尤多。自永初初元至是十四年，凡十有五，可見地道主静。宜静而動，亦由婦人治事，反地之道，故數數震動，以著共應耳。

免越騎校尉鄧康官，遣就國。○注：太后從弟康，以太后久臨朝政，數諫言切，太后不從，康謝病不朝。后怒，免官，遣歸國。

遼西鮮卑降。

辛酉，建光元年，春三月，皇太后鄧氏崩。葬和熹皇后。追尊清河孝王曰孝德皇，皇妣曰孝德后。

封舅鄧騭爲上蔡侯。

夏，尊嫡母耿姬爲甘陵大貴人。詔舉有道之士。以薛包爲侍中，不拜。○注：包，汝南人，少有至行。

秋八月，以劉愷爲太尉。帝幸衛尉馮石府，留飲十日。

貶平原王翼爲都鄉侯。○注：平原王翼，濟北河間王子也，太后留京師。及太后崩，有誣告太后兄弟悝、閶等謀立王者。帝怒，以悝等爲大逆無道，廢其子西平侯廣宗等爲庶人，鄧騭以不與謀，徙封爲羅侯，遣就國。廣宗等皆自殺，騭不食而死。翼貶爲都鄉侯，遣歸河間。翼謝絶賓客，閉門自守，由是得免。

徒[1]封鄧騭爲羅侯，遣就國，陟自殺。詔許鄧騭還葬。以耿貴人兄寶爲羽林車騎。封孝德皇外祖宋楊子四人及宦者江京、李閏皆爲列侯。以閻后兄弟顯、景、耀并典禁兵。

高句驪、鮮卑寇遼東，太守蔡諷戰歿。

燒當羌麻奴入寇，馬賢追擊，破之。鮮卑寇居庸關，殺

[1]徒，應爲徙。

雨水。冬十一月，地震。復斷大臣行三年喪。 十二月。		壬戌，延光元年，夏四月，雨雹。 秋七月，地震。九月，地震。 冬，雨水。		
				遣宦者及乳母王聖女伯榮詣甘陵。
雲中太守。	高句驪王宮圍元[1]菟，州郡討破之，宮死。		高句驪王遂成降，〇注：是後，東陲少事。虔人羌與上郡胡反，邊兵擊破之。	鮮卑寇邊，麻奴降。

①元：既玄，避諱改字。

汝南黃憲卒。○注：憲，汝南慎陽人。

癸亥，二年，夏二月，秋七月，丹陽山崩○雨水。冬，以楊震爲太尉。十二月，地震。聘處士周燮、馮良，不至。

甲子，三年。

封王聖爲野王君。○注：王聖乳母也自宣帝始推恩，阿保賜物而已，未有封也，至是而封君矣。桓帝之世，復侯其子焉，下及元魏乃尊爲皇太后。甚哉！以班勇爲西域長史，將兵屯柳中。

春正月，二月，帝東巡。三月還，未入宮，策收太尉震印綬，遣歸故郡。震自殺。夏四月，閬中山崩。

秋八月，九月，廢太子保爲濟陰王。○注：王聖、江京、樊豐等譖太子乳母王男、廚監邴吉等，殺之。太子嘆息。京、豐懼，乃與閻后譖太子。帝怒，詔公卿議，廢太子。是月晦，日食。○地震、大水、雨雹。○注：帝即位至是十八年，書地震二十有二，書地陷一，地坼一。終《綱目》地震之數，無如安帝者矣。

以耿寶爲大將軍。

班勇擊走匈奴田車師者，西域復通。

乙丑，四年，春二月，帝南巡。三月朔，日食。帝崩于葉，還宮，發喪。○注：帝崩于乘輿，皇后與閻顯兄弟、江京、樊豐等謀。以濟陰王在内，恐公卿立之，乃僞云：『帝疾甚。』徙御卧車馳歸，四日至洛陽。

《綱目》：『帝自即位至廢喪，所書一百七十七事耳，爲羌夷、盜賊者五十六，災變者七十，世道可知矣。徒聞狎佞臣、厚保母、疾忠賢。望其弭災、靖亂，尚可得乎。』

尊皇后曰皇太后。太后臨朝。以閻顯爲車騎將軍、儀同三司。迎北鄉侯懿入，即位。○注：太后欲久專國政，貪立幼年，與顯等定策，迎章帝孫、濟北惠王子北鄉侯懿爲嗣。濟陰王以廢黜，不得上

閻顯爲車騎將軍，樊豐等下獄死，耿寶自殺，王聖、伯榮徙雁門。

殿親臨梓宮，悲號不食，内外羣僚莫不哀之。葬恭陵。○注：在河南府城東南。

秋七月，冬十月，越巂山崩。北鄉侯薨。○注：閻顯白太后，秘不發喪，更徵諸王子閉宮門，屯兵自守。

十一月，地震。中黄門孫程等迎濟陰王。保入，即位。誅閻顯等，遷太后于離宮。葬北鄉侯。

閻顯伏誅。封程等十九人爲列侯。

班勇擊斬車師後王軍就及匈奴使者。

改葬故太尉楊震，祠以中牢。詔震二子爲郎。			
孝順皇帝。〇注：名保，安帝子，李氏所出，在位十九年，壽三十歲。丙寅，永建元年。春正月，帝朝太后于東宮。皇太后閻氏崩。			
二月，葬安思皇后。			隴西鍾羌反，馬賢擊破之。
秋七月，下司隸校尉虞詡獄。尋赦出之，以爲尚書僕射。左雄爲尚書。		遣孫程等十九侯就國。	班勇發諸國兵擊匈奴呼衍王，走之。
丁卯，二年，春二月。			鮮卑寇遼東，郡兵擊破之。

三月，旱。夏六月，追尊母李氏爲恭愍皇后。秋七月朔，日食。以許敬爲司徒。聘處士樊英，以爲五官中郎將。○注：英，南陽人。以處士楊厚、黄瓊爲議郎。○注：厚，廣漢新都人。瓊，江夏安陸人。

戊辰，三年，春正月，地震。

遣燉煌太守張朗與班勇討焉耆，降之。徵勇下獄，免。○注：朗先有罪，欲邀功自贖，遂先期至爵離關。焉耆王元孟乞降，朗受降而還。勇以後期[1]，下獄，免。

①後期：晚於約定日期。

夏六月，旱。秋九月。			鮮卑寇漁陽。
己巳，四年，春正月，帝冠。夏，雨水。冬。			鮮卑寇朔方。
庚午，五年，夏四月，旱、蝗。		定遠侯班始棄市。	
辛未，六年，春二月。秋九月，起太學。○注：凡造二百八十房，千八百五十室。		以沈景爲河間相。	
壬申，陽嘉元年，春正月，立貴人梁氏爲皇后。○注：恭懷皇后弟子，乘氏侯商之女。			

夏四月。

冬，立孝廉限年課試法。閏十二月，恭陵百丈廡災。

以后父梁商爲執金吾①。

護烏桓校尉耿曄遣烏桓擊鮮卑，大獲。

癸酉，二年，春正月，徵郎顗以爲郎中，不就。夏四月，京師地震。詔公卿直言，舉敦樸之士。京師地坼。詔引敦樸士對策。

秋七月，太尉龐參免。

封乳母宋娥爲山陽君。〇注：帝之立，娥與其謀，故封之。

鮮卑寇馬城。

①執金吾：官名。吾，(yù)。

甲戌，三年，夏四月，五月，旱。			車師後部擊破北匈奴，獲單于母。
秋七月，冬十一月，司徒劉琦、司空孔扶免。			鍾羌寇隴西、漢陽。校尉馬續擊破之。
乙亥，四年，春二月。			遣謁者馬賢擊鍾羌，大破之。
夏四月，秋閏八月朔，日食。		以梁商爲大將軍。	
冬十月，十二月，地震。			烏桓寇雲中。
丙子，永和元年。			

冬十二月，以王龔爲太尉。		商子冀爲河南尹。	武陵蠻反，太守李進討平之。
丁丑，二年，夏四月，地震。冬十月，帝如長安，徵處士法真，不至。○注：真，扶風人。地震。十二月，還宮。			象林蠻反。○注：象林縣名，屬日南郡。古越裳國界，今林邑國也。
戊寅，三年，春二月，地震，金城、隴西山崩。夏閏四月，地震。			九真太守祝良、交趾刺史張喬招降蠻寇，嶺外悉平。

冬十月，十二月朔，日食。	己卯，四年，春正月，三月，地震。秋八月，太原旱。	庚辰，五年，春二月，地震。是月晦，日食。
	中常侍張逵等伏誅。	
燒當羌那離寇金城，馬賢擊斬之。		南匈奴吾斯車紐等反，馬續招降之。且凍、傳難種羌寇三輔，馬賢討之。羌寇武都，燒隴關。

辛巳，六年，春正月。

二月，有星孛于營室。

秋八月。

大將軍梁商卒。以周舉爲諫議大夫，以梁冀爲大將軍，不疑爲河南尹。

匈奴吾斯立車紐爲單于，引烏桓、羌胡寇邊，張耽擊降之。

鞏唐羌寇三輔，燒園陵。武都太守趙沖擊破之。詔沖督河西四郡兵。

鞏唐羌寇北地。

九月晦，日食。		不疑，冀弟名。	諸羌寇武威。
壬午，漢安元年，秋八月，遣八使分行州郡。		以李固爲將作大匠。以張綱爲廣陵太守。○注：廣陵賊張嬰等皆降。	吾斯等復反。
癸未，二年，夏四月，地震。○注：涼州自九月以來，地百八十震，山谷坼裂，壞敗城寺，民壓死者甚衆。			以趙冲爲護羌校尉，擊燒當羌，破之。
冬十一月，增孝廉爲四科。			匈奴中郎將馬寔遣人刺吾斯，殺之。
甲申，建康元年。			

夏四月，立皇子炳爲太子。

秋八月，帝崩，太子炳即位。尊皇后曰皇太后，太后臨朝。以李固爲太尉、録尚書事。九月，葬憲陵。○注：在河南府城東北。地震，詔舉賢良方正之士，策問之。

冬十月，羣盗發憲陵。

孝冲皇帝，○注：名炳，順帝子。乙酉，永嘉元年。

揚、徐羣盗范容等作亂，遣御史中丞馮緄討之。

九江盗馬勉稱帝于當塗。

馬寔擊南匈奴左部，破之。胡羌、烏桓悉降。

交阯蠻夷復反，刺史夏方降之。

春正月，帝崩。徵清河王蒜及渤海孝王子纘至京師。大將軍冀、白太后迎纘入，即位。罷蒜歸國。○注：蒜、纘皆章帝曾孫，蒜爲人嚴重，動止有法度，而纘年甫八歲。冀與太后定策禁中，迎纘即位。葬懷陵。○注：在河南府城東南。

二月。

三月，詔康陵在恭陵上。○注：詔曰殤帝即位踰年，安帝承襲統業，而前世令恭陵在康陵之上，失其次序，今其正之。

冬十一月。

廣陵張嬰據郡反。○注：嬰既降，至是復反。

九江都尉滕撫擊馬勉、范容等，斬之。

歷陽盜華孟稱帝。滕撫進擊張嬰及孟，皆破斬之，東南悉平。

叛羌皆降，隴右復平。

御批

漢質帝冲齡臨御，能識梁冀之奸，固爲聰穎。第遽目之白①：『此跋扈將軍也。』遂爲所毒。聰穎而不善弢晦，適足以爲害矣。

孝質皇帝。○注：名纘，章帝曾孫。

丙戌：本初元年，夏四月，詔郡國舉明經，詣太學。受業者歲滿課試，拜官有差。○注：自是公卿皆遣子受業，增盛至三萬餘生。海水溢。閏六月，梁冀進毒弒帝。白太后策免太尉固，迎蠡吾侯志入，即位。太后猶臨朝。○注：帝少而聰慧，嘗因朝會目梁冀曰：『此跋扈將軍也。』冀深惡之，使主右煮毒餅以進，帝食之而崩。諸大臣、李固等欲立清河王蒜，而中常侍曹騰説冀曰：『不如立蠡吾侯，富貴可長保也。』冀然其言，遂迎蠡吾侯入。即位，時年十五。平原王貶爲蠡吾侯翼之子也。

①白：此處應作『曰』。

秋七月，葬静陵。○注：在河南府城東南。九月，追尊河間孝王爲孝穆皇，蠡吾先侯曰孝崇皇。○注：先侯，即翼也。冬十月，尊母匽氏爲博園貴人。

孝桓皇帝。○注：名志，章帝曾孫。初，平原王翼貶歸河間，其父請以蠡吾縣以侯之。翼卒，子志嗣。時年十五，在位二十二年，壽三十五。丁亥，建和元年。

春正月朔，日食。○注：日食正旦于嗣服[①]，紀元之初，是人君即位，其始已不正矣。嗣後災異頻仍，天命不僭，豈不深切著明哉！三月，黄龍見譙。夏四月，地震。六月，以杜喬爲太尉。

秋，論定策功。

八月，立皇后梁氏。○注：后，太后女弟[②]，倫序乖矣。

益封梁冀萬三千户，又封其子弟及宦者劉廣等皆爲列侯。○注：宋楊四子與江京并書，梁冀子弟與劉廣并書，賤之甚者矣。

①嗣服：繼承先人的事業。②女弟：妹妹。

九月，地震。策免太尉喬。

冬十一月，貶清河。

貶清河王蒜爲尉氏侯，徙桂陽。蒜自殺。○注：會劉文等謀立清河王蒜。梁冀因誣固、喬與文交通，故殺之。

下李固、杜喬獄，殺之。

戊子，二年，春正月，帝冠。

三月，夏五月，北宮火，帝徙南宮。改清河爲甘陵。秋，大水。

白馬羌寇廣漢。

己丑，三年，夏四月晦，日食。秋八月，有星孛于天市。

九月，地再震。○注：一月，再震。山崩。○注：終《綱目》書地震一百二十，歲再震十二，一月再震二。是年獻帝興平元年。

前朗陵侯荀淑卒。○注：淑，潁川人，少博學，有高行。李固、李膺等師宗之。有子八人：儉、緄、靖、燾、注①、爽、肅、專。時人謂之八龍。

庚寅，和平元年，春正月，太后歸政。二月，崩。

三月，帝還北宮。葬順烈皇后。夏五月，尊博園匽貴人曰孝崇后。秋七月，梓潼山崩。

封大將軍冀妻孫壽爲襄城君。

辛卯，元嘉元年，春正月朔，夏四月，帝微行，幸河南尹梁胤府舍。

尚書張陵劾大將軍冀罪，詔以俸贖。

①注：當作『汪』。

是日，大風拔樹，昏。京師旱，任城、梁國饑民相食。

北匈奴寇伊吾。

冬十一月，地震。詔舉獨行之士。

詔加大將軍冀殊禮，增封四縣，賜以甲第。○注：《綱目》：『凡四書殊禮，惟冀及會稽王昱書加。若蕭道成、唐主淵書，自則自加而已矣。』

壬辰，二年，春正月，地震。夏四月，孝崇皇后匽氏崩。

西域長史王敬殺于寘王建。于寘攻敬，殺之。

五月，葬博陵。○注：帝父蠡吾侯翼之墓也，在河間府蠡縣東二里。秋七月，日食。冬十月，地震。

巳癸，永興元年，秋七月，蝗。○河溢，民饑。

午甲，二年，春二月，復聽刺史二千石行三年喪。○注：自安帝建安元年斷大臣行三年喪，至是三十有四年矣。復書聽行，而止于刺史二千石，惜哉！地震。夏，蝗。○東海朐山崩。秋九月朔，日食。

冬十一月，帝校獵上林苑，遂。

封乳母马惠子初爲列侯。○注：乳母封君自王聖始，而未侯其子也。馬惠子侯，桓爵之，濫甚矣。

泰山琅琊盜起，中郎將段熲擊平之。○注：熲，武威人。

乙未，永壽元年，春二月，司隸[①]、冀州饑，人相食。夏，南陽大水○巴益郡山崩。秋。			南匈奴左薁鞬、臺耆等反，屬國都尉張奐擊破降之。
丙申，二年。春三月。			蜀郡屬國夷反。
秋，冬十二月，地震。		以韓韶爲嬴長。 ○注：時賊寇青兖徐，韶爲嬴長，賊不入境。流民入縣萬餘户，韶開倉賑之，或争不可。韶曰：『以活溝壑之人伏罪，含笑入地矣。』	鮮卑檀石槐寇雲中，以李膺爲度遼將軍。
丁酉，三年。			

①司隸：地名。古指長安、洛陽，即首都地區。

夏四月。

閏月晦，日食。○蝗。

戊戌，延熹元年，夏五月，晦，日食。○蝗。○大雩。秋七月，太尉黃瓊免。冬十月，帝校獵廣成，遂至上林苑。

十二月。

以張奐爲北中郎將。徵陳龜還，龜不食而卒。○注：梁冀與龜素有隙，徵還，代之。龜上書請誅之，不省，遂不食死。《綱目》書：『不食死者三，龔勝、陳龜、辛謐，皆節士也。』以种暠爲度遼將軍。

九真蠻夷反，討破之。

長沙蠻反。

南匈奴、烏桓、鮮卑入寇，以陳龜爲度遼將軍。

己亥，二年。

春二月，三月，復斷刺史二千石行三年喪。夏，大水。秋七月，皇后梁氏崩。○注：妒而無子，宫人孕育，鮮得全此①。帝益疏之，憂恚而死。葬懿陵。

八月，大將軍梁冀伏誅。太尉胡廣、司徒韓縯、司空孫朗皆以罪免爲庶人。立貴人鄧氏爲皇后，

梁冀伏誅。封宦者單超等五人爲列侯。○注：五人世謂之五侯。唐衡、單超、左悺、徐璜、具瑗以誅梁冀功，同封。

鮮卑寇雁門，蜀郡夷寇蠶陵。

①此，應爲『者』。

追廢梁后爲貴人。以黄瓊爲太尉。徵處士徐穉、姜肱、袁閎、韋著、李曇皆不至。○注：穉，豫章人。肱，彭城人。閎，汝南人。安之元孫著，京兆人。曇，潁州人。

冬十月，以陳蕃爲光禄勳。

庚子，三年，春正月，詔求故大尉李固後。

封皇后兄子鄧康、宦者侯覽等爲列侯。殺白馬令李雲、宏農掾杜衆。

以宦者單超爲車騎將軍。以楊秉爲河南尹，尋坐論作左校。以爰延爲五官中郎將。

燒當羌反，校尉段熲擊破之。

閏月。夏五月，漢中山崩。			西羌寇張掖，段熲破降之。
秋七月。			長沙零陵蠻反。
冬十一月。		泰山賊殺都尉，以皇甫規爲太守，討平之。	九真餘寇復反，以夏方爲交阯刺史，降之。
辛丑，四年，春正月，南宮嘉德殿火。大疫。二月，武庫火。夏，以劉矩爲大①尉。五月，有星孛于心〇雨雹。六月，地震。岱山及博尤來山裂。			

①大：今作「太」。

秋七月，減百官俸，貸王侯半租，賣關内侯以下官。〇注：西漢之盛也，賜天下半租。東漢之衰也，貸王侯半租。未幾而復有斂田畝税錢之書，則剥及下民。九月，以劉寵馬司空。

冬。

壬寅，五年，夏，地震。

冬十月。

零陵賊入桂陽，艾縣賊攻長沙。

諸羌復反。徵段熲下獄。遣中郎將皇甫規破降之。

武陵蠻反，以馮緄爲車騎將軍討諸蠻，降之。

以楊秉爲大尉。

癸卯，六年，夏五月。

秋，冬十月，帝校獵廣成，遂至上林苑。

十二月，以周景爲司空。尚書朱穆卒。

下皇甫規獄，論輸左校。

以張奐爲度遼將軍，皇甫規爲使匈奴中郎將。以段熲爲護羌校尉。朱穆卒。

鮮卑寇遼東。

武陵蠻復反，郡兵討平之。馮緄坐免。

甲辰，七年，春二月，邟鄉侯黃瓊卒。〇注：謚曰：『忠』。四方名士來會葬者六七千人。三月，隕石于鄠。

夏五月，雨雹。

冬十月，帝如章陵。十二月，還宮。

乙巳，八年，春正月，遣中常侍左悺之苦縣①，祠老子。〇注：人主崇道教始此，故書之，明年而有親祠濯龍之書矣。

是月，晦，日食，詔舉賢良方正。

黃瓊卒。

荊州刺史度尚擊桂陽、艾縣賊，平之。

中常侍侯覽免，左悺自殺，貶具瑗爲都鄉侯。

段熲擊當煎羌，破之。

①苦縣：古縣名，今普遍認爲是河南省鹿邑縣。

廢皇后鄧氏，幽殺之。○注：鄧氏驕忌，廢，送暴室，以憂卒。詔壞諸淫祠，特留洛陽王焕、密縣卓茂二祠。

夏五月，太尉楊秉卒。秋七月，以陳蕃爲太尉。八月，初斂田畝税錢。○注：《綱目》：『重取民，故高帝爲算賦，武帝榷酒酤，桓帝斂田畝税錢，晉孝武增民税米，唐定租庸調，德宗作兩税，行間架陌錢，税茶，俱書初。以謹其取民之始也。』九月，地震。

詔李膺、馮緄、劉祐輸作左校。

楊秉卒。桂陽賊攻零陵，度尚擊斬之。

段熲擊西羌，破之。

立貴人竇氏爲皇后。○注：竇融元孫武之女也。以李膺爲司隸校尉，以劉寬爲尚書令。

丙午，九年，春正月朔，日食。詔舉至孝。司隸、豫州饑。夏四月，河水清。○注：河水清于桓世，其爲不祥也甚矣。《綱目》書河清二，皆亂季也。自漢桓延熹九年至高齊壬午年，迄四百年爾，則千年一清之説，亦不足信矣。帝親祠老子於濯龍宮。

六月。

秋七月，殺南陽太守成瑨，太原

以皇甫規爲度遼將軍。

復以張奐爲護匈奴中郎將，督幽、

南匈奴、烏桓、鮮卑寇掠九郡。

諸羌復反。烏桓降。鮮卑走，

太守劉瓚。捕司隸校尉李膺、太僕杜密部黨二百餘人，下獄。遂策免太尉陳蕃。○注：時名士互相標榜，又疾惡太甚，屢按誅不法。宦官由是弄權，權臣忿恨，思中傷之。會張成善風角推占，當赦教子殺人。李膺按殺之。宦官因教弟子牢修上書，告膺等養太學遊士共爲部黨，誹訕朝廷。于是帝怒，詔捕黨人，禁錮終身。名賢如賈標、陳蕃、李膺、范滂、房植、宗資、成瑨、岑晊、劉表、王暢、杜密、陳寔、張儉、張奂、張邈等二百餘人皆陷刑獄。皇甫規恥不得與，自陳朋黨，朝廷亦不問。後竇武上疏解，帝乃赦歸。

丁未，永康元年，春正月。

并、涼州。以竇武爲城門校尉。

出塞。

東羌復反，段熲擊破之。

夏四月，五月，地裂。○注：《綱目》書地裂者三，和帝永元七年，是年，秦庚午年。是月晦，日食，六月，赦黨人歸田里，禁錮終身。秋八月，巴郡言黃龍見[1]。大水。海溢。

冬十月。

夫餘寇元菟。

羌寇三輔。

羌寇三輔，張奂遣司馬董卓擊破之。○注：董卓，隴西人。性粗猛有謀，羌胡畏之。

①見：同『現』。

十二月，帝崩。尊皇后曰皇太后。

按：桓帝即位二十二年，延熹以前，梁冀竊柄。延熹以後，宦閹弄權。書日食有九，山崩裂者七，地震裂者十二，大水四，民相食二，邊事三十一。天人之變，可爲極矣，而事遊畋，急稅歛，卒不自省。觀其再祀老子，禁錮黨人，則知其壞淫祠，徵處士亦具虛文也。

太后臨朝。○注：初，竇氏既立，御恩甚稀。唯采女田聖等有寵，后素忌忍，帝梓宮尚在前殿，遂殺田聖。遣使迎解瀆亭侯宏詣京師。○注：竇武召侍御史河間劉儵，問以國中宗室之賢者，儵稱河間孝王曾孫宏。武、白太后定策禁中，以儵守光禄大夫，持節來迎宏。時年十二。

孝靈皇帝。○注：名宏，清河孝王曾孫。在位二十二年，壽三十四歲。

建寧元年，戊申，春正月，以竇武爲大將軍，陳蕃爲太傅，與司徒胡廣參録尚書事。解瀆亭侯宏至，入，即位。

二月，葬宣陵。〇注：在河南府城東北。閏月，追尊祖爲孝元皇，夫人爲孝元后，考爲孝仁皇，尊母董氏爲慎園貴人。夏五月朔，日食。

六月，大水。録定策功，封竇武爲聞喜侯。封陳蕃爲高陽侯，不受。

竇武爲大將軍。		竇武爲聞喜[1]。
	段熲擊東羌于高平，大破之。以熲爲破羌將軍。	段熲追擊東羌，連戰，破之。

①此處脱字，當補『侯』字。

秋九月，太傅陳蕃、大將軍竇武奏誅宦者曹節等。節等殺之，遂遷太后于南宮。冬十月晦，日食。

十二月。

己酉，二年，春正月，尊慎園貴人董氏爲孝仁皇后。夏四月，青蛇見御座上。大風，雨，雷，雹。詔公卿言事。

陳蕃、竇武被殺。

以后兄子重爲五官中郎將。

鮮卑、濊貊寇幽并，烏桓稱王。○注：烏桓大人上谷難樓，及遼西邱力居皆自稱王，遼東蘇僕延自稱峭王，右北平烏延自稱汗魯王。

六月，以劉囂爲司空。			
秋七月。		段熲大破東羌，封爲新豐侯。	
九月。			江夏蠻反，州郡討平之。
冬十月，復治鈎黨，殺前司隸校尉李膺等百餘人。是月晦，日食。		殺李膺等百餘人。	鮮卑寇并州。
庚戌，三年，春三月，晦，日食。徵段熲爲侍中。		段熲爲侍中。	
辛亥，四年，春正月，帝冠，赦。二月，地震、海溢。			

三月朔，日食，大疫。秋七月，立貴人宋氏爲皇后。

冬十月朔，帝朝太后于南宮。

鮮卑寇并州。

壬子，熹平元年，春正月，帝謁原陵。

三月，太傅胡廣卒。夏。

六月，大水。皇太后竇氏崩。

秋七月，葬桓思皇后。

冬十月。

胡廣卒。宦者侯覽有罪，自殺。

殺渤海王悝。○

注：初，渤海王悝以不道貶爲瘿陶王。因王甫求復國，許謝錢五千萬。既而桓帝遺詔復之。悝以非甫功，不與。

十一月。

甫以中常侍鄭颯等與悝交通，奏颯謀迎立悝。乃詔收悝，迫令自殺。

會稽妖賊許生稱帝。

鮮卑寇并州。

癸丑，二年，春正月，大疫。夏六月，地震。秋七月，以唐珍爲司空。

冬十二月晦，日食。

鮮卑寇幽并。

甲寅，三年，冬十月。

十二月。

吳郡司馬孫堅討許生，斬之。○注：堅，富春人。

鮮卑入北地，又寇并州。

乙卯，四年，春三月，立石經于太學門外。○注：詔諸儒正五經文字，命議郎蔡邕爲古文、篆、隸三體書之，刻石于太學門外。使後學取正焉。太學在洛城之南，堂前石經四部，本碑凡四十六枚。

夏四月，大水。六月，螟②。

丙辰，五年，夏，大雩①。殺永昌太守曹鸞。更考黨人禁錮五屬。○注：以曹鸞上書諫，黨錮也。

丁巳，六年。

鮮卑寇幽州。

益州夷反。鮮卑寇幽州。

①大雩：求雨祭名，吉禮的一種。雩，(yú)。　②螟：蟲災。

夏四月，大旱，蝗。以宣陵孝子爲太子舍人。○注：宣陵，桓帝之陵墓。市賈小民有相聚爲宣陵孝子者數十人，詔皆除太子舍人。

冬十月朔，日食。○地震。

鮮卑寇三邊。

鮮卑寇遼西，太守趙苞破之。

戊午，光和元年，春正月，二月朔，日食○地震。置鴻都門學。以張顥爲太尉。夏四月，地震。侍中寺雌雞化爲雄。○注：宋乙五年，女化爲男。

合浦、交阯、烏滸蠻反。

六月，有黑氣墮温德殿庭中。秋七月，青虹見玉堂殿庭中。八月，有星孛于天市。

冬十月，廢皇后宋氏，幽殺之。○注：后無寵，而姑爲渤海王悝妃。王甫恐后怨之，因之后挾左道祝詛，帝信之。策收璽綬。后自至暴室，以憂死。是月晦，日食。初開西邸賣官。

末已，二年，春，大疫。○地震。太尉橋元罷。

夏四月朔，日食。詔黨錮從祖以下皆釋之。

鮮卑寇酒泉。

宦者王甫伏誅，太尉段熲有罪，自殺。中郎將張修殺匈奴單于。徵下獄死。封中常侍呂强爲

冬十二月，殺司徒劉郃、少府陳球、尚書劉納、衛尉楊球。○注：哀其死不以罪，不失其職，且以甚當時之惡也。

庚申，三年，夏四月，秋，地震。

冬，有星孛于狼弧。

十二月，立貴人何氏爲皇后。○注：后本南陽屠家，以選入掖庭，生皇子辯，故立之。徵其兄進爲侍中。後王美人生皇子協，后酖殺美人。帝怒，欲廢后，中官固請，乃止。作罼圭靈昆苑。

都鄉侯，不受。○注：終《綱目》，宦官可取者三：呂强以賢，楊復光以功，張成業以忠，舍是無取焉。

蒼梧、桂陽賊攻零陵，太守楊琁擊破之。

巴郡板楯蠻反。

鮮卑寇幽并。

江夏蠻反。

鮮卑寇幽并。

辛酉，四年，夏。

六月，雨雹。

秋九月朔，日食。

交阯梁龍反，以朱儁爲刺史，擊斬之。

鮮卑檀石槐死。

○注：子和連代立，才力不及父而貪淫，人射殺之。子騫曼幼，兄子魁頭立。後騫曼與魁頭爭國，衆遂離散。魁頭死，弟步度根立。鮮卑自世祖二十一年，始見《綱目》。和帝永元五年，書徙據匈奴地，始盛。至桓帝永壽二年，檀石槐始盛强，蓋爲邊患二十六年矣。

作列肆[1]于後宮。

壬戌，五年，春正月，詔公卿舉刺史二千石爲民害者。○注：足發千古之一笑。二月，大疫。夏四月，旱。

秋七月，有星孛于太微。八月，起四百尺觀。冬，帝校獵上林苑。以桓典爲侍御史。○注：京師語曰：『行行且止，避驄馬御史！』

癸亥，六年，夏，大旱。

板楯蠻寇巴郡，以曹謙爲太守，降之。

①列肆：商鋪。

秋，金城河溢，五原山岸崩。

甲子，中平元年。春二月。

三月，赦黨人。

黄巾賊張角等起。○注：角，鉅鹿人，以妖術教授，號太平道。自稱大賢良師，咒符水以療病，四方徒衆數十萬，角遂置三十六方。方，猶將軍也。大方萬餘人，小方六七千人，各立渠帥，皆著黄巾爲幟。角自稱天公將軍，弟寶稱地公將軍，梁稱人公將軍。所在焚劫，旬月之間，天下響應。

以后兄進爲大將軍，屯都亭。遣中郎

夏四月，太尉楊賜免。○注：帝問賜以黃巾事，賜所對切直，帝不悅。坐寇賊免。

五月。

將盧植討張角，皇甫嵩、朱儁討潁川黃巾。殺中常侍呂强、侍中向栩、郎中張鈞。○注：三人皆宦者所疾者也，故以無罪書殺。

皇甫嵩、朱儁與騎都尉曹操合軍討三郡黃巾，破平之。○注：三郡許州、汝南、陳國也。曹操父嵩爲中常侍，曹騰養子，不能審其生出

交阯吏民作亂，以賈琮爲刺史，平之。

秋七月。

八月。

本末，或云夏侯氏子也。操少機警，有權數，舉孝廉爲郎。至是平賊，遷濟南相。

盧植圍張角于廣宗，檻車徵還。遣中郎將董卓代之。

巴郡張修反。

遣皇甫嵩討張角，角死。至冬十月，與角弟梁、寶戰，皆破斬之。以嵩爲車騎將軍，領冀州牧。朱儁擊南陽黃巾，連破之。豫州刺史王允討黃巾，

先零羌及涼州群盜北宮伯玉等反。

乙丑，二年，春正月，大疫。

二月，南宮雲臺災。○注：臺在洛陽縣東水南堡，乃明帝圖功臣二十八將處也。

破之。徵下獄減死論。

黑山賊褚燕降。○注：自張角之亂，所在盜賊並起，博陵張牛角、常山褚飛燕及黃龍、左校、于氐根、張白騎、劉石、左髭丈八、平漢大計、司隸緣城、雷公、浮雲白雀、楊鳳于毒、五鹿、李大目、白繞、眭固、苦蝤之徒，不可勝數。張牛角死，令其衆奉飛燕爲帥。部衆寖廣，殆至百萬，號黑山賊。河北并受其害。朝廷不能討，燕乃遣使，乞降；遂拜燕爲平難中郎將，使領河北諸山谷事。

三月，以崔烈爲司徒。夏四月，大雨雹。

六月，秋七月，螟。

八月。

冬十月，司空、臨晉侯楊賜卒。

北宮伯玉等寇三輔，遣皇甫嵩討之。○注：北宮伯玉、邊章、韓遂皆涼州賊。

封宦者張讓等十三人爲列侯。○注：《史》曰：『以討張角功也，破黃巾殺張角者，盧植、王允、皇甫嵩也，或檻車、或下獄、或收印綬，而讓等乃以功封，漢之亡決矣！』

罷皇甫嵩，遣車騎將軍張溫代之。

殺諫議大夫劉陶。

○注：謚曰『文烈』。秉之子。十一月，造萬金堂。

丙寅，三年，春二月，遣使就拜張温爲太尉。○注：三公在外始于温。修南宫，鑄銅人。夏五月晦，日食。

冬十月，徵張温還。

前司徒陳耽。張温擊涼州賊邊章、韓遂，不利。十一月，將軍董卓破走之。

以宦官趙忠爲車騎將軍。

武陵蠻反，郡兵討破之。鮮卑寇幽并。

卯丁，四年，春二月。 冬十月。		戊辰，五年，春二月，有星孛于紫宮。
		以劉焉爲益州牧，以劉虞爲幽州牧。
漁陽張舉、張純反。○注：故中山相張純與故泰山太守張舉及烏桓大人邱力居等連盟，劫略薊中，衆至十餘萬，屯肥如。舉稱天子，純稱彌天將軍，移書州郡，告天子避位，敕公卿奉迎。	長沙區星反，以孫堅爲太守，討平之。封堅爲烏程侯。前太邱長陳寔卒。	黃巾餘賊寇太原、河東。
		南匈奴右部反，殺其單于羌渠。

秋八月，置西園八校尉。

○注：太常劉焉以王室多故，建議以爲：『四方兵寇，由刺史威輕，且用非其人所致。宜改置牧伯，選清名重臣以居其任。』朝廷從其議，州任之重自此始。焉，魯恭王之後。虞，東海恭王五世孫，嘗爲幽州刺史。

○注：詔發南匈奴兵配劉虞討張純，單于羌渠遣左賢王將騎詣幽州。國人恐發兵無已，于是右部醯落反，與屠各胡合，凡十餘萬人，攻殺羌渠。

冬十月，講武平樂觀。

青、徐黃巾復起。

十一月。

涼州賊王國圍陳倉，以黃甫嵩爲左將軍，討之。遣騎都尉公孫瓚討漁陽賊，走之。○注：瓚，遼西令支人。

己巳，六年，春二月。

三月。

夏四月朔，日食。帝崩，皇子辯即位，尊皇后曰皇太后。太后臨朝，封皇弟協爲陳留王。○注：初，帝數失皇子。何后生辯，養于道人史子眇家，號曰史侯。王美人生協，董太后自養之，號曰董侯。羣臣請立太子，帝以辯輕佻無威儀，欲立協，猶豫未決。會疾篤，屬協于蹇碩，欲先誅何進而立協。進稱疾不入。辯即位，年十四，太后臨朝，封協爲陳留王，年九歲。以袁隗爲太傅，與大將軍進參録尚書事。進收宦者蹇碩，誅之。

劉虞討漁陽賊，斬張純。

即拜劉虞爲太尉。

皇甫嵩擊王國，大破之。

劉虞討漁陽賊，斬張純，餘衆散降。

五月，遷孝仁皇后於河間，驃騎將軍董重自殺。六月，后暴崩。○注：孝仁本非國母，然自何后言之猶爲其姑而遷之，怖之，使之至于隕滅。可乎？民間由是不附何氏。

葬文陵。○注：在河南府城東北。

秋七月，大將軍進召董卓將兵詣京師。太后詔罷誅[①]宦官。八月，宦官張讓等入宫，殺進，劫太后。帝出至河上。司隸校尉袁紹捕宦官，悉誅之。

御批

宦官張讓等恣行不法，何進若止奏誅首惡，則可矣。乃必欲召兵盡殺而后快，斯爲已甚，太后所以不許

①诛，应为『诸』。

也。復召外兵以速亂，則又至愚極謬，宜其禍不旋踵。皆因上之御下，不得其道，所以小人乘機而動，自然之理也。

帝還宮，以卓爲司空。○注：卓將兵脇太后固進召之，實紹爲之畫策也。何異飲烏喙而攻疾，疾未愈，藥已殺人，不如不飲之爲愈也。九月，袁紹出奔冀州，卓廢帝爲宏農王，奉陳留王協即位，遂弑太后何氏。○注：卓議廢帝，袁紹、盧植止之不聽，且怒。獨袁隗從議，卓遂脇太后策廢帝爲宏農王，立協爲帝。隗解帝璽綬，扶下殿，北面稱臣，太后鯁涕。卓又議太后，遷董太后至憂死。乃遷永安宮，酖殺之。卓自爲太尉，領前將軍事。遣使弔祭陳蕃、竇武及諸黨人。復其爵位。

卓自爲太尉，領前將軍事。

自六月雨，至于是月。冬十月，葬靈思皇后。

十一月，卓自爲相國，贊拜不名、入朝不趨、劍履上殿①。

十二月，徵處士申屠蟠，不至。以黃琬爲太尉，楊彪爲司徒，荀爽爲司空。

孝獻皇帝。○注：名協，靈帝次子。在位三十一年，壽五十二歲。庚午，初平元年，春正月，卓弒弘農王。○注：廢君書弒自董卓始。終《綱目》，廢君而弒之者二十，宏農王、宋零陵王、涪陵王、梁巴陵王、魏王恭、安定王、東海王、齊中山王、梁主綱魏主欽、周宋公、陳江陰王、齊濟南王隋介公、後梁濟陰王、後唐鄂王、漢湘陰公。卓奏免太尉琬、司徒彪，以王允爲司徒。

卓自爲相國。

以袁紹爲渤海太守。

關東州郡起兵討卓，推袁紹爲盟主。

①贊拜不名、入朝不趨、劍履上殿：皇帝給予大臣的特權。

三月，卓遷都長安，燒洛陽宫廟，發諸帝陵，車駕西遷。卓殺太傅袁隗，滅其家。

夏四月，省孝和以下廟號。○以公孫度爲遼東太守。

注：從蔡邕之議也。

辛未，二年，春正月。

以劉表爲荊州刺史。

以劉虞爲太傅。

關東諸將奉大司馬劉虞爲帝，虞不受。

長沙太守孫堅舉兵討卓，將軍袁術據南陽，表堅領豫州刺史。曹操與卓兵戰于滎陽，不克，還屯河内。

司空荀爽卒。

二月，卓自爲太師。

夏四月，卓至長安。

六月，地震。

○注：虞曰：『今天下崩亂，主上蒙疾，吾被重恩，未能清雪國恥。諸君各據州郡，宜共戮力王室，而反造逆謀，以相垢汙耶？』紹等乃止。

卓自爲太師。孫堅進兵擊卓，卓敗，西走。堅入洛陽，修塞諸陵而還。

卓至長安。

袁紹逐冀州牧韓馥，自領州事。袁紹表曹操爲東郡太守。

冬十月。

河南尹朱儁移書州郡，徵兵討卓。

以劉備爲平原相。〇注：備，涿郡人，中山靖王之後。少孤貧，與母以販履爲業，有大志，少語言，喜怒不形于色。嘗與瓚同歸盧植，因往依瓚。至是，瓚使與其將田楷徇青州有功，因以爲平原相。備少與河東關羽、涿郡張飛友善。以飛、羽爲别部司馬，分統部曲，恩若兄弟。常山趙雲爲郡將兵詣瓚，劉備見而奇之，深加接納，雲遂從備至平原，爲備主騎兵。

黄巾寇渤海，校尉公孫瓚擊破之。

朱儁徵兵討卓，卓遣李傕、郭汜擊破之。

壬申，三年，夏四月，詔王允録尚書事，以吕布爲奮威將軍，共秉朝政。李傕、郭汜舉兵犯闕，殺司徒王允。

秋九月。

王允使吕布誅董卓。黄巾寇兖州，殺刺史劉岱。曹操入據兖州，自稱刺史。李傕、郭汜等舉兵犯闕，殺司徒王允。吕布走出關。○注：傕、汜，董卓部將也。求赦不得，以賈詡之言爲卓報仇，舉兵犯闕。真叛賊也。

李傕、郭汜、樊稠、張濟自爲將軍。以馬騰爲將軍，屯郿。

冬十月。

癸酉,四年,春正月朔,日食。

三月,以陶謙爲徐州牧。

夏六月,大雨雹○華山崩裂。

冬十月,地震。有星孛于天市。

以劉表爲荊州牧。

大司馬劉虞討公孫瓚,不克,見殺。

曹操遣使上書,徵朱儁爲太僕。

袁術進兵封邱,曹操擊破之。術走壽春,自領揚州事。袁紹以其子譚爲青州刺史。

魏郡兵與黑山賊于毒等共覆鄴城。

袁紹擊于毒、左髭丈八等,皆斬之。

十一月，地震。

甲戌，興平元年，春正月，帝冠。

二月，追尊母王夫人爲靈懷皇后。

夏五月，六月，京師地再震。○晦日食。自四月，不雨，至于七月。

秋九月。

劉備救陶謙，謙表備爲豫州刺史。○注：曹操擊徐州，徐州牧陶謙走于郯，告急于田楷，楷與備救之，謙表備領豫州。

劉焉卒，以其子璋爲益州牧。陶謙卒，劉備兼領

郭汜、樊稠自開府如三公。

術表孫策爲懷義校尉。○注：初，孫堅娶錢塘吴氏，生四男，策、權、翊、匡及一女，家壽春。

	乙亥，二年，春二月，李傕劫帝入其營。夏四月，立貴人伏氏爲皇后。帝幸北塢。六月，將軍張濟迎帝東歸。冬十月。

徐州。以劉繇爲揚州刺史。○注：岱之弟也。			
策十餘歲即與舒人周瑜結好。及堅死，策年十七，即有復讎志，往見袁術。術奇之，卒以堅兵千餘人還策，拜懷義校尉。	拜袁紹爲右將軍。李傕殺樊稠，攻郭汜，劫帝入其營。	郭汜攻李傕，傕遷帝于北塢。○注：時帝在南塢，傕在北塢。李傕自爲大司馬。	以曹操爲兗州牧。

十二月，帝至宏農。張濟與傕、汜合追帝至陝。帝渡河入李樂營。

丙子，建安元年，春二月，修洛陽宮，

秋七月，帝還洛陽。曹操入朝自爲司隸校尉，録尚書事。帝幸許。

冬十月。

詔劉備爲豫州牧，遣東屯沛。

曹操入朝自爲司隸校尉，録尚書事。曹操遷帝于許，自爲大將軍，封武平侯。孫策取會稽，太守王朗降。

以袁紹爲太尉，曹操自爲司空。○注：操以大將軍讓紹，而自爲司空。

丁丑，二年，春正月。

以鍾繇爲司隸校尉，督關中諸軍。袁術稱帝，殺故兗州刺史金尚。

三月。

以袁紹爲大將軍兼督冀、青、幽、并四州。

夏五月，蝗。下故太尉楊彪獄，尋赦，出之。

以孫策爲會稽太守，討袁術。

戊寅，三年，夏四月。

詔將軍段煨等討李傕，夷三族。

冬。

以劉備爲左將軍。

曹操擊呂布，殺之。

已卯，四年，春三月。

夏。

以孫策爲討逆將軍，封吳侯。袁紹攻公孫瓚，圍之。

公孫瓚自焚死。詔漁陽太守鮮于輔都督幽州。以董承爲車騎將軍。

袁術北走。詔劉備將軍邀之。術還，走死。

袁紹承制，以烏桓蹋頓爲單于。○注：初，烏桓王邱力居死，子樓班年少，從子蹋頓有武略，代立。袁紹攻公孫瓚，蹋頓助之。紹承制皆賜以單于印綬；又以閻柔得烏桓心，因加寵慰以安北邊。其後諸部奉樓班爲單于，以蹋頓爲王，然蹋頓猶秉計策。

秋八月。

曹操進軍黎陽。九月，還許，分兵守官渡。

冬十一月。

劉備起兵徐州，討曹操，操遣兵擊之。○注：自曹操劫遷天子以來，天下已非漢。有董承以元舅之尊親承密詔，與昭烈謀誅操而不克，故昭烈在徐，因遂起兵。然前史未有書其討操者，獨范史載董承等受密詔誅操。其立義頗精，然不言昭烈討操之舉，至陳壽志魏，反謂董承等謀反伏誅，其謬妄無理，莫甚于此。

庚辰，五年，春正月。

二月。

及其志蜀，始于昭烈稱漢中王之下，録其與董承等同謀誅操之語。此則實事難泯，不可得而曲説者也。《綱目》于此特筆起義。其曰：『起兵徐州，討曹操者正所以扶三綱，立人極，誅亂臣賊子于千百戰之下，使古今大義無時而不明，要使逆亂之徒終無以自立于天下。』其垂世教也大矣。

曹操殺車騎將軍董承。遂擊備，破之。備奔冀州。

曹操還官渡，袁紹進軍黎陽。夏四月，

秋。

九月朔，日食。

冬十月，有星孛于大梁。

辛巳，六年，春三月朔，日食。

袁紹遣劉備略汝、潁，曹操擊走之。備復以紹兵至汝南。

劉表攻長沙、零陵、桂陽，皆下之。

紹遣兵攻白馬，操擊破之，斬其將顏良、文醜。孫策卒，弟權代領其衆。

袁紹攻曹操于官渡。

以孫權爲討虜將軍。

秋九月。	曹操擊劉備于汝南，備奔荊州。	張魯取巴郡，詔以魯爲漢寧太守。	
壬午，七年，春正月。		曹操復進軍官渡。	
夏五月。		袁紹卒，幼子尚襲，行州事，長子譚出屯黎陽。操攻敗之。曹操責孫權任子，權不受命。	
癸未，八年，春二月。		曹操攻黎陽，譚、尚敗走。夏四月，操追至鄴而還。譚攻尚，不克。	
甲申，九年，秋七月。		曹操入鄴，自領冀	

冬十月，有星孛于東井。		州牧。	
十二月。		曹操攻平原，拔之。袁譚走保南皮。公孫度卒，子康襲行郡事。	
乙酉，十年，春正月。		曹操攻南皮，克之，斬袁譚。幽州將吏逐刺史袁熙，遣使降操。熙、尚俱奔烏桓。	
夏四月。		黑山賊帥張燕降。	
丙戌，十有一年，春正月，有星孛于北斗。			烏桓寇邊。
丁亥，十有二年，春二月。		曹操封功臣爲列侯。	

夏。

冬十月，有星孛于鶉尾。

○注：功臣何滅袁氏也。

曹操擊烏桓。秋八月，破之，斬蹋頓。袁熙、袁尚奔遼東，公孫康斬之。

曹操擊烏桓，破之，斬蹋頓。

劉備見諸葛亮于隆中。○注：亮寓居隆中，每自比管仲、樂毅。時備依劉表屯新野，訪士于司馬徽。徽曰：『識時務者在乎俊傑。此間有伏龍、鳳雛。』備問爲誰，曰：『諸葛孔明，龐士元也。』徐庶亦曰：『孔明，卧龍也。』備詣亮，凡三往乃見。亮曰：『曹操擁百萬之衆，挾天子而令諸侯，此誠不可與爭鋒。

孫權母吴氏卒。○注：吴氏病篤，引見張昭，屬以後事而卒。

戊子，十有三年，春正月。

孫權據江東，國險而民附，此可與爲援而不可圖也。荊州北據漢、沔，利盡南海，東連吴會，西通巴、蜀，此用武之國，而其主不能守。此殆天所以資將軍也。益州險塞，沃野千里，天府之土。劉璋闇弱，張魯在北，民殷國富而不知存邺，知能之士思得明君。將軍既帝室之胄，信義著于四海，若跨有荊、益，保其巖阻，則伯業可成，漢室可興矣。』備得亮甚歡。

曹操還鄴，作元武池以肄舟師。

夏六月，曹操自爲丞相。

秋七月。

八月。

九月。

冬十月朔，日食。

		劉表卒，次子琮嗣。	劉表舉州降操。劉備奔江陵。操追，至當陽及之，備走夏口。○注：時備屯樊，琮降而不以告。備覺而操已在宛矣。備將其衆去。	
操自爲丞相。	曹操擊劉表。	操殺大中大夫孔融，夷其族。	操至新野，表子琮舉州降。操進軍江陵。	曹操東下，孫權遣周瑜、魯肅等。與劉備迎擊于赤壁。大破之，操引還。○注：今江漢間言赤壁者五：漢陽、漢川、黃州、嘉魚、江夏，惟江夏之説合于史。

十二月。	劉備徇荊州江南，諸郡降之。	孫權圍合肥。
己丑，十有四年，冬十二月。	劉備領荊州牧。○注：孫權表之也。	
庚寅，十有五年。春二月朔，日食。		
冬。	劉備以龐統爲治中從事。	曹操作銅雀臺于鄴。孫權南郡守將周瑜卒，以魯肅代領其兵。
卯辛，十有六年。		

春正月。

冬。

劉璋遣使迎劉備，備留兵守荊州而西，璋使備擊張魯。

曹操以其子丕爲五官中郎將，爲丞相副。○注：前此未有丞相副者，操之專錮，于是爲甚。自是，司馬昭以其子炎副相國，高歡遣世子澄入鄴輔政，徐温留子知訓江都輔政，皆操之教也。

壬辰，十有七年，春正月。

曹操還鄴；贊拜不名，入朝不趨，劍履上殿。

夏五月，六月晦，日食。

誅馬騰，夷三族。

秋七月，螟。

孫權徙治建業，權作濡須塢。

冬十月。

曹操擊孫權至濡須，荀彧自殺。

十二月，有星孛于五諸侯。

劉備據涪城。

癸巳，十有八年。夏五月，曹操自立爲魏公，加九錫①。

曹操自立爲魏公，加九錫。○注：以冀州十郡封曹操爲魏公，以丞相領冀州牧。如故，又加九錫。

秋七月，魏公操納三女爲貴人。

○注：書以下納上，操一人而已。

魏始建宗廟社稷。

① 九錫，古代天子賜給諸侯、大臣的九種器物，是一種最高禮遇。

冬十一月。

甲午，十有九年，春三月，魏公操進位諸侯王上。夏四月，旱。

閏五月。

秋七月。

冬十一月，魏公操弑皇后伏氏及皇子二人。

馬超奔劉備，備入成都，自領益州牧，以諸葛亮爲軍師將軍。

魏初置尚書、侍中、六卿。

魏公操進位諸侯王上。

抱罕宋建反。冬十月，討斬之。諸羌皆降。○注：建自號平漢王。

乙未，二十年，春正月，立貴人曹氏爲皇后。○注：操之女也。	夏五月。	冬十一月。	丙申，二十有一年，夏四月，魏公操進爵爲王，操殺尚書。五月朔，日食，	秋七月。
	劉備、孫權分荊州。備使關羽守江陵，權使魯肅屯陸口。	劉備遣兵擊巴賨，破之。		
			魏公操進爵爲王，操殺尚書崔琰。	
				南匈奴單于入朝于魏，遂留居鄴。

八月。

魏以锺繇爲相國。

○注：初，南匈奴居塞内，與編户大同而不輸貢賦。議者恐其户口滋蔓，浸難禁制，欲豫爲之防。至是，單于呼厨泉入朝于魏，操因留之于鄴，使右賢王去卑監其國。單于歲給綿、絹、錢、穀如列侯，子孫襲號，分其衆爲五部，各立其貴人爲帥，選漢人爲司馬，以監督之。○去卑，右賢王名，大夏赫連氏，即其裔也。

丁酉，二十有二年，春正月。

魏王操擊孫權軍，三月權降。

夏四月。

魏王操用天子車服，出入警蹕。

六月。

冬十月。

魏以華歆爲御史大夫。

劉備進兵漢中。

魏以世子丕爲王太子。○注：初，操娶丁夫人，無子。妾劉氏生子昂，卞氏生四子，丕、彰、植、熊。植性機警，才藻敏贍，操愛之，欲以爲嗣。丕以長子嘗求自固之術于賈詡。他日，操問詡，詡不對，操問故。詡曰：『屬有所思。』問何思。曰：『思袁本初、劉景升父子耳。』操大笑，卒立丕爲嗣。孫權陸口守將魯肅卒，以吕蒙代之。

戊戌，二十有三年，春正月，少府耿紀、司直韋晃起兵討魏公操，不克，死之。三月，有星孛於東方。			
夏四月。			代郡上谷爲桓反，魏王操遣其子彰擊破之。
己亥，二十有四年，春正月，二月晦，日食。	劉備擊夏侯淵，破斬之。		
三月。		魏王操出斜谷，劉備將趙雲擊敗之。	
夏五月。	劉備取漢中。		
秋七月。	劉備自立爲漢中王。○注：備設壇場	魏王操號其夫人爲王后。	

八月。

冬十月。

于沔陽，羣臣陪位，奏以備爲漢中王。讀訖，備拜受璽綬，御王冠。立子禪爲王太子。拔魏延領漢中太守，以鎮漢川。備還治成都。

魏王操殺丞相主簿楊修。

孫權使呂蒙襲取江陵，魏王操帥師救樊，關羽走還，權邀斬之，十二月，蒙卒。以孫權爲驃騎將軍領荊州牧。

庚子，二十有五年。○注：按：紫陽書院①刊本作『延康元年』，《改元例注》曰『建安二十五年』改元『延康』。考之范《史》及陳《志》注文，是漢號。而《通鑒》所書，乃若曹丕稱王時所改者。今不能悉見，則此當從閩本及《提要》，作二十五年爲是。春正月。

二月朔，日食。

冬十月，魏王曹丕廢帝爲山陽公②。○注：天生烝民，立之司牧，天下不可以無君也。天無二日，民無二王，天下不可以二君也。自唐虞禪繼，舜禹承之，循其名，可以責其實，古人豈假此以欺天下哉。成湯放桀，惟有慙德，

丞相、冀州牧魏王曹操還至洛陽，卒。太子丕立，自爲丞相、冀州牧。

魏立法自今，宦者，官不得過諸署令。

魏王曹丕稱皇帝，廢帝爲山陽公。○注：李伏、許芝等言，魏當代漢，見于圖緯。魏之羣臣，因表勸丕簒位。至是，帝乃

①全國著名書院之一，位於徽州歙縣，郡守韓補始建於南宋淳六年(1246年)，初建在徽州府南門外紫陽山麓，理宗皇帝御題『紫陽書院』匾額。紫陽書院以祭祀朱熹，宣揚朱熹理學思想爲主旨。②山陽公，爵名。漢獻帝劉協禪位給魏文帝曹丕，曹丕封劉協爲山陽公(第一代)，以河內山陽郡(在今河南焦作山陽區)爲封國。

武王伐紂，義士非之。湯武不失爲聖人，商周不失爲正統，亦惟求其實耳。後世欺孤弱寡，纂竊相尋。考其實，皆羿、浞、莽、卓之徒，而求其名，乃欲高出商周之上，前史信其僞辭衰世，襲其遺蹟，一則曰禪位；二則曰受禪。胡爲自漢而下一，何堯舜之多邪？今觀《綱目》于此，直以稱帝廢主，大書于册。至于傳禪之説，絶不復舉，斯言一出，諸史皆廢，豈《綱目》好爲立異哉！亦不過求其實而已。

十二月。

告祠高廟。遣使持節，奉璽授詔策，禪位于魏。魏王丕上書三讓，乃爲壇于于繁陽，即皇帝位，改號黄初。

魏主丕如洛陽，營宮室。魏徙冀州士卒家實河南。

歷代統紀表卷之五

偃師段長基述

孫 鼎鈺 鼎鈞 校刊

季漢。○注：漢景帝九子中山靖王勝之後，至昭烈帝在蜀即位，都益州，即今四川成都府，凡二傳共四十三年。

《綱目》發明：三代而下，惟漢得天下爲正，誅無道秦，討逆賊羽，傳祚踰四百年，尺地一民，莫非漢有。至桓靈不君，董卓煽禍，英雄羣起而攻之。卓既誅，則天下固漢之天下也。曹操乘時擅命，脅制天子，戕殺國母，義士爲之歎憤！苟有一夫倡義，皆君子之所。子況堂堂帝室之胄，英名蓋世者乎！丕既篡立，漢祀無主，昭烈正位，蜀漢親承大統，名正言順，本無可疑。自陳壽志《三國》，全以天子之制予魏，而以列國待漢，故《通鑒》因之以魏紀年。至《綱目》始以詔烈承獻帝之後，紹漢遺統，固非曲立異説，好爲矛盾，特《通鑒》自謂，姑取其年，以紀諸國之事，非尊此卑彼，有正閏之辯。此蓋因史筆以紀述，初不別立義例，故其説不得不取于彼。若夫《綱目》，則取春秋之義以示天下萬世之正論，所以因操、丕之篡竊大義，莫得而伸。幸有昭烈，足以存漢氏之統，故其説不得不出于此，二者固并行而不悖，要亦有待于互相發明之意也。

《通鑒》昭烈雖云係中山靖王之後，然不能紀其世次，與南唐稱吴王恪後無異，故不敢以後漢、東晉爲比，使得紹漢氏之遺統。按陳壽《志》，昭烈，涿郡人，中山靖王勝之後。勝子正元狩六年，封涿縣陸城亭侯，坐酎金失侯，因家焉。祖雄，父宏，生昭烈，其世次本末甚明。又按歐陽修《五代史》載，南唐世家李昪，徐州人，世本微賤，父榮遇唐末之亂，不知所終。昪少孤，楊行密養以爲子，又乞與徐温，因冒姓徐，至簒吴之後，始復姓李，自言唐憲宗子建王恪之後。及考以《通鑒》，則曰唐主欲祖吴王恪，或曰恪誅死，不若祖鄭王元懿。唐主命有司考二王苗裔，以吴王孫禕有功，禕子峴爲宰相，遂祖吴王。自峴五代至父榮，其名率皆有司所撰，此與昭烈大相遼絶。況諸葛一見昭烈，首稱將軍帝室之冑，及後求救孫權，亦以豫州王室之冑對權稱之，亮固非妄言者也。是以張松之説，劉璋且謂豫州使君之宗室，而異時苻堅荅苻融諫伐晉之語，亦曰劉禪可非漢之遺祚，然亦爲中國所并。然則昭烈之爲漢裔，顯顯無疑。以之紹統，夫復何説！是年，曹丕既立，昭烈即正位號，不使漢統墜地，深合事宜，其與光武即位于鄗，晉元即位江左，先後一轍，固非與他僭竊，急于自帝者之比。此正統系所關，故歷考顛末，詳辨之以告後之君子。亦使朱氏秉筆之志，暴白于天下云。

昭烈皇帝。○注：名備，中山靖王勝之後。都西蜀，在位三年，壽六十三。

辛丑。章武元年。○注：大書章武之元，紹昭烈于高光也。魏簒立，吳割據，昭烈親中山靖王之後，名正言順，舍此安歸。故曰，統正于下，而人道定矣。

春正月。

割據。

魏○注：黄初二年。

魏封孔羨爲宗聖侯。○注：羨，孔子二十二世孫。

外國。

夏四月，漢中王即皇帝位，改元。○注：蜀中傳言，帝已遇害。于是，漢中王發喪制服，謚曰『孝愍皇帝』。羣下勸王稱尊號，王遂即皇帝位于武擔之南。○在武都城北二百步。以諸葛亮爲丞相。立宗廟祫祭高皇帝以下。五月，立夫人吴氏爲皇后，子禪爲皇太子。

六月晦，日食。

秋七月，帝自將伐孫權。車騎將軍張飛爲其下所殺。

魏殺夫人甄氏。○注：甄氏，丕正妃也，生子叡。魏祀太祖于建始殿。

孫權徙治武昌。○注：權自公安徙都于鄂，更名鄂曰武昌。

帝自將，伐孫權，權請和，不許。遂遣陸遜督諸將拒守。

八月。

冬十月。

壬寅。二年。春正月朔，日食。

二月，帝進軍猇亭。三月。

魏以楊彪爲光禄大夫。魏遣使求珍物于孫權。

魏黃初三年。

魏立子弟爲王。

○注：子叡爲平原王，弟鄢陵公彰等皆進爵爲王。

孫權遣使降魏，魏封權爲吳王，城武昌。立子登爲太子。

吳孫權黃武一年。

夏六月，猇亭敗績。帝還永安。

秋九月。

冬十月晦，日食。

癸卯三年。○注：後主建興。

元年。○注：後主名禪，昭烈之子，在位四十一年，降于魏。謹按：凡例凡正統之君曰『帝』，無統之君，僭稱帝者曰『主』。《綱目》漢中王即皇帝位統，斯正矣。而于其子獨曰『後主』，何哉？

魏立法，自今后家不得輔政。○注：立法：宦者不得過諸署令，后家不得輔政，亦可謂善防患者矣。魏立貴嬪郭氏爲后。

魏作壽陵。

魏黃初四年。

吳陸遜進攻猇亭，蜀軍敗績。

吳王權改元，拒魏。十一月，魏主丕自將擊之，不克。

吳黃武二年。

且自建興以至炎興，用天子制以臨四方，實四十年，豈于即位正始之年不帝，乃曰後主乎？陳《志》昭烈稱『先主』，《綱目》革其號，大書昭烈皇帝，而後主未革，舊史蓋當時録者，因史舊文而朱子偶未及改也。夏四月，帝崩于永安。丞相亮受遺詔輔政。五月奉喪還成都。太子禪即位，尊皇后曰皇太后，封亮爲武鄉侯，領益州牧。〇注：諸葛亮至永安，帝病篤，命亮輔太子。禪謂亮曰：『君才十倍曹丕，必能安國，終定大事。嗣子可輔，則輔之，如其不可，君可自取。』亮涕泣曰：『臣敢不竭股肱之力，効忠』貞之節，繼之以死！』六月，益州郡耆帥雍闓等以四郡叛。

秋八月，立皇后張氏。○注：后，飛之女也。	甲辰，後主建興二年。夏四月。秋八月。冬十一月晦，日食。	乙巳三年，春三月，丞相亮南征。○注：討雍闓等也。夏五月。六月。
魏以鍾繇爲太尉。	魏黃初五年。魏立太學。魏以舟師擊吳臨江而還。	魏黃初六年。魏以舟師伐吳。
	吳黃武三年。	吳黃武四年。吳以顧雍爲丞相。

秋七月，丞相亮討雍闓，斬之，遂平四郡。	丙午，四年。夏五月。	秋八月。	冬。	丁未，五年。
	魏黃初七年。魏主丕卒，子叡立。		魏徵處士管寧，不至。	魏主叡太和一年。
	吳黃武五年。	吳圍魏江夏不克，吳攻襄陽，魏撫軍司馬懿擊破之。		吳黃武六年。

春二月。

三月，丞相亮率諸軍出屯漢中，以圖中原。

冬十二月，魏孟達以新城來歸，魏將軍司馬懿帥兵攻之。

戊申，六年。春正月，魏陷新城，孟達死之。丞相亮伐魏，戰于街亭，敗績。詔貶亮右將軍，行丞相事。○注：街亭之敗，違命者馬謖耳。而以丞相亮書之者，權歸主將也。

魏大營宫室。

魏立貴嬪毛氏爲后。

魏太和二年。

吴黄武七年。

夏四月。	魏以徐邈爲涼州刺史。	
五月，大旱。		吳人誘魏揚州牧曹休戰于石亭，大敗之。
冬十二月，右將軍亮伐魏，圍陳倉，不克而還。斬其追將王雙。	魏以公孫淵爲遼東太守。	吳大司馬呂範卒。
己酉，七年。春，右將軍亮伐魏，拔武都、陰平，復拜丞相。	魏太和三年。	吳黃龍一年。
夏四月，遣衛尉陳震使吳，及吳主權盟。		吳王孫權稱皇帝。以張昭爲輔吳將軍。
秋七月。	魏制：後嗣有由諸侯入奉大統者，	

九月。冬十二月，築漢、樂二城。

庚戌，八年。

不得顧私親。○注：爲擇建支子，以繼大宗者言也。後嗣萬一有由諸侯入奉大統，則當明爲人後之義，敢爲導諛，建非正之號以干正統。謂考爲皇，稱姬爲后，則股肱大臣，誅之無赦。

魏太和四年。

吴遷都建業，使上大將軍陸遜輔太子登守武昌。

吴黄龍二年。

秋七月，魏寇漢中，丞相亮出次成固，九月魏師還。冬十二月，丞相亮以蔣琬爲長史。

魏主叡如許昌。

辛亥，九年。

春二月，丞相亮伐魏，圍祁山。自十月不雨，至于三月。夏五月，丞相亮敗魏司馬懿于鹵城，殺其將張郃。

秋八月。

冬十月，十一月晦，日食。

魏太和五年。

魏令其宗室王侯朝明年正月。

吳黃龍三年。

吳人誘敗魏兵于阜陵。

壬子,十年。	魏太和六年。	吳嘉禾一年。
春三月,	魏主叡東巡。	吳遣使如遼東,徙其騎都尉虞翻于蒼梧。
秋九月,	魏治許昌宮。以劉曄爲大鴻臚。	
癸丑,十有一年。	魏青龍一年。	嘉禾二年。
春正月,	青龍見魏摩陂井中,二月魏主叡往觀之。	吳遣使拜公孫淵爲燕王。○注:初,淵數與吳通,魏主叡嘗伐之,不克。又遣校尉宿舒等奉表于吳稱臣,吳主權大悦,

夏閏五月朔，日食。

六月，以馬忠爲庲降都督。

甲寅，十有二年，春二月。丞相亮伐魏。

三月。

吴稱臣，吴主權大悦，遣張彌等將金寶珍貨，九錫備物，乘海投淵封爲燕王，舉朝諫之，不聽。

魏洛陽宫鞠室災。

公孫淵斬吴使者，獻首于魏，魏封淵爲樂浪公。

魏青龍二年。

吴嘉禾三年。

魏山陽公卒。○注：謚曰『孝獻皇帝』，魏主叡素服，發喪。山陽傳國至晉永嘉中，乃爲胡寇所滅。

夏四月，丞相亮進軍渭南，魏大將軍司馬懿引兵拒守，亮始分兵屯田。

秋八月，丞相武鄉侯諸葛亮卒于軍，長史楊儀引軍還。前軍師魏延作亂，楊儀擊斬之。以吴懿爲車騎將軍督漢中，蔣琬爲尚書令總統國事。

魏大疫，崇華殿災。

魏葬漢孝獻皇帝于禪陵。

魏以諸葛恪爲丹陽太守。

乙卯，十有三年。

春正月，中軍師楊儀有罪，廢。徙漢嘉，自殺。

魏青龍三年。

魏太后郭氏卒。

○注：魏主叡數問甄后于太后，由是太后以憂卒。

吴嘉禾四年。

夏四月，以蔣琬爲大將軍録尚書事，費禕爲尚書令。	魏作洛陽宮。		
秋七月。	魏崇華殿災。		
八月。	魏立子芳爲齊王，詢爲秦王。○注：魏主叡無子，養二王爲己子，或云芳，任城王楷之子也。魏複立崇華殿。		
冬十月。	魏中山王衮卒。		魏殺鮮卑軻比能[1]。○注：先是軻比能誘保塞鮮卑步杜根以叛，殺魏將軍蘇尚、董弼二人，遂走幕北。復殺步杜根。至是，幽州刺史王雄使人刺殺之，種落難散，邊陲遂安。

①軻比能（2世紀？－235年），爲中國三國時期的鮮卑首領之一。

丙辰，十有四年，春。

三月。

夏四月，帝如湔觀汶水，旬日而還。○注：汶水，在成都府城南七里。

冬十月，有星孛于大辰[①]，又孛于東方。○注：一月再孛，大異也。

丁巳，十有五年。春正月。

魏青龍四年。

魏司空陳羣卒。

魏令公卿舉才德兼備之士。

魏景初一年。魏黃龍見以三月。

吳嘉禾五年。吳鑄大錢。○注：一當五百。

吳侯張昭卒。

吳嘉禾六年。

武都氐主苻健降。

①大辰，指大火，即心宿二；亦指伐星與北辰。

夏六月。

秋七月，皇后張氏崩。葬敬哀皇后于南陵。

九月。

冬十月。

爲夏四月。○

注：建丑也。三代改正不改月數。今改三月爲四月，是以春爲夏矣。

魏制三祖爲不毀之廟。魏。

魏主叡殺其后毛氏。

魏營圓方邱南北郊。魏鑄銅人、起土山于芳林園。光禄勳高堂隆卒。作考課法，不果行。

吴以諸葛恪爲威北將軍。

戊午，延熙元年。春正月。

二月，立貴人張氏爲皇后。○注：前后敬哀之妹也。立子璿爲皇太子。

秋八月。

冬十二月，蔣琬出屯漢中。

己未，二年。

魏景初二年。魏遣太尉司馬懿擊遼東。		魏司馬懿克遼東，斬公孫淵。	魏主叡有疾，立郭夫人爲后，召司馬懿入朝，以曹爽爲大將軍。	魏景初三年。
吳赤烏一年。	吳鑄當千大錢。			赤①烏二年。

①『赤』上當補『吳』字。

春正月。

二月，夏以蔣琬爲大司馬。

冬十月。

十二月。

庚申，三年。

魏司馬懿至洛陽，與爽受遺輔政。魏主叡卒，太子芳立。

魏以司馬懿爲太傅，何晏爲尚書。

魏復以建寅之月爲正。

魏主曹芳正始。

吳遣將軍吕岱屯武昌。

吳赤烏三年。

春，以張嶷爲越嶲太守。冬。	元年。	吴饑。	
辛酉，四年。夏四月，蔣琬徙屯涪。	魏正始二年。管寧卒于魏。	吴赤烏四年。吴太子登卒。	
壬戌，五年。春正月，中監軍姜維自漢中徙屯涪。	魏正始三年。	吴赤烏五年。吴立太子和爲太子，霸爲魯王。	
癸亥，六年。夏五月朔，日食既。	魏正始四年。	吴赤烏五年。	

冬十月，遣前監軍王平督漢中。十一月，以費褘爲大將軍、録尚書事。

甲子，七年。

春正月。三月，魏曹爽寇漢中，費褘督諸軍救之。夏四月朔，日食。

五月，冬，以費褘兼益州刺史，董允守尚書令。

乙丑，八年。

魏正始五年。

魏軍退走。

魏正始六年。

吴赤烏七年。

吴以陸遜爲丞相。

吴赤烏八年。

春，秋八月，皇太后吴氏崩。葬穆皇后于惠陵。冬十一月，大司馬蔣琬卒。十二月，尚書令董允卒，以宦者黄皓爲中常侍。	丙寅，九年。	春。
	魏正始七年。	
吴殺其太子太傅吾粲。吴丞相陸遜卒。	吴赤烏九年。	
		魏擊高句驪克丸都。○注：丸都，山名。

秋九月，赦。以姜維爲衛將軍，與費禕并録尚書事

丁卯，十年。

春二月，日食。

魏正始八年。

魏遷其太后于永寧宮。○注：曹爽用何晏謀，遷太后擅朝政。

吳以步騭爲丞相，○注：騭，淮陰人。吳分荊州爲二部。○注：以呂岱督右部，自武昌以西至蒲圻，諸葛恪督左部，鎮武昌。吳罷大錢。

吳赤烏十年。

吳作太初宮。○注：用武昌宮材瓦。

在朝鮮國城東北，漢時，高句驪王伊夷模都于此，至晉，爲慕容皝所破。

多樹親黨，司馬懿不能禁，遂稱疾不與政事。

戊辰，十有一年。夏四月。五月，費禕出屯漢中。

魏正始九年。魏以徐邈爲司空，不受。

吳赤烏十一年。

己巳，十有二年。春正月，魏護軍夏侯霸來奔。

魏嘉平一年。魏司馬懿殺曹爽及何晏等，夷其族。司馬懿自爲丞相，加九錫，辭不受。

吳赤烏十二年。

庚午，十有三年。	秋，姜維伐魏雍州，不克。冬十二月。	
魏嘉平二年。	魏光禄大夫徐邈卒。	○注：謹按：古者國家大臣受遺輔政，安危之所繫焉。漢武帝命霍光，昭烈命孔明，君能知臣，臣能盡忠，可謂兩得之矣。以唐太宗賢明，猶不能知李勣，致有武氏之亂，况僭國嗣主，安能知其臣乎？當曹魏時，司馬懿雖有無君之心，而未得專國之權，明帝屬以後事者，是授以國命也。因而廢弒三主，卒簒其國，皆由卧内一言以召之。
吴赤烏十三年。		

秋。

冬十一月。

吴廢其太子和，殺魯王霸及將軍朱據

吴立子亮爲太子。○注：初，潘夫人有寵于吴主權，生少子亮，權愛之。全公主既與太子和有隙，數稱亮美，權以魯王霸結朋當，以害其兄，心亦惡之。遂有廢和立亮之心。至是，乃幽太子和。朱據諫之，不聽，卒廢和爲庶人，徙故鄣，賜霸死，據尋亦賜死，明年立，潘氏爲后。吴作堂邑塗塘。

辛未，十有四年。夏四月。

秋八月。

魏嘉平三年。魏司馬懿殺太尉王淩及楚王曹彪，操子。遂置諸王公于鄴。○注：魏王芳制于彊臣時，都督王淩以楚王彪有智勇，欲共立之，迎都許昌。淩謀泄，懿討淩，淩飲藥死，賜楚王彪死。盡録諸王公置于鄴，使有司察之。不得與交關。

魏太傅司馬懿卒。以其子師爲撫軍大將軍，録尚書事。

吴大元一年。

魏分匈奴左部爲二國。○注：初，太祖留單于呼廚泉于鄴，分其衆爲五部，居并州境内。

冬十一月，费禕北屯漢壽。以陳祇守尚書令。

壬申，十有五年。春正月。

魏嘉平四年。魏以司馬師爲大將軍。

吴以諸葛恪爲太子太傅，總統國事。○注：時吴主權頗知太子和無罪，欲召還，全公主止之。權以亮幼，議所付托。孫峻薦恪。恪至建業，見吴王于卧内，受詔，以大將軍領太子太傅，有司諸務一統于恪。

吴主孫亮建興一年。吴立故太子和爲南陽王，居長沙，

左賢王劉豹，爲左部帥，部族最强。鄧艾上言，割爲二國，以分其勢。

夏四月。		奮爲齊王，居武昌，休爲琅琊王，居虎林。
癸酉，十有六年。春正月，盜殺大將軍費禕。〇注：盜即姜維攻魏所獲之郭循也。	魏嘉平五年。	吳建興二年。吳王權卒，太子亮立，以諸葛恪爲太傅。徙齊王奮于豫章。
二月。夏四月，姜維伐魏國狄道。		吳諸葛恪擊魏。
冬十月。		吳殺其太傅諸葛恪。以孫峻爲丞相。

甲戌，十有七年，春二月。

魏嘉平六年曹髦正元一年。魏司馬師殺中書令李豐

吳殺其南陽王和。○注：和妃張氏，恪甥也。峻因此賜和死，張妃亦自殺。其妾何氏曰：『若皆從死，誰當字孤？』遂撫育其子皓及諸姬子德、謙、俊。皆賴以全。齊王奮聞恪誅，欲至建業觀變。傅相諫，奮殺之，亦坐廢爲庶人。

吳五鳳一年。

及太常夏侯元、光禄大夫張緝，遂廢其后張氏。○注：終《綱目》書『后爲臣所廢者』三，魏張后，晉賈后、羊后。

夏，姜維伐魏。

秋九月。

魏司馬師廢其主芳爲齊王，遷河内。冬十月，迎高貴鄉公髦立之。○注：師以太后令召羣臣議，以魏主芳荒淫無度，不可以承天緒，乃奏收璽綬，歸藩于齊。立彭城王據。太后曰：『彭城王，季叔也，今来，我當何之？高貴鄉公，文皇帝長孫，明皇帝弟子，于禮，小宗有後大宗之義，其詳議之。』

乙亥，十有八年。春正月。

秋七月。八月，姜維伐魏，敗其兵于洮西。遂圍狄道，不克而還。

丙子，十有九年。

師乃更召羣臣議，迎髦于元城。髦，東海定王霖之子也，時年十四。

魏正元二年。魏大將軍司馬師卒。師弟昭自爲大將軍，祿尚書事。

魏甘露一年。

吳五鳳二年。

吳孫峻殺朱公主。○注：朱公主，朱據之妻，吳大帝之女。吳始作太廟。

吳太平一年。

春正月，以姜維爲大將軍。

夏四月。

秋八月。

丁丑，二十年。夏四月。

六月，姜維伐魏。

魏司馬昭始服袞冕赤舄。魏主髦視學。

魏司馬昭自爲大都督，奏事不名，假黃鉞。

吳孫峻卒。以其從弟綝爲侍中輔政。吳大司馬呂岱卒。

魏甘露二年。魏揚州都督諸葛誕起兵討司馬昭。

吳太平二年。吳王亮始親政。

昭奉其主髦攻之。吳人救之不克而還。

戊寅，景耀元年。春二月，姜維引兵還。

夏五月。

秋八月。

九月。

魏甘露三年。魏司馬昭拔壽春，殺諸葛誕。	魏司馬昭自爲相國，封晉公，加九錫，復辭不受。	魏主養老乞言于太學。○注：以王祥爲三老，以鄭小同爲五更。	
吳主休永安一年。			吳孫綝廢其主亮爲會稽王。

冬十月。

十二月，詔漢中兵屯漢壽，守漢、樂二城。

己卯，二年。春正月。秋八月陳祇卒。以董厥爲尚書令諸葛瞻爲僕射。○注：瞻，琅琊陽都人，亮之子。

魏甘露四年。黃龍二見魏寧陵井中。○注：魏王髦作《潛龍詩》以自諷。龍見井中，叡以之改元，而髦以之自諷，亦足覘二人之識趣矣。

迎立琅琊王休，休以琳爲丞相，封兄子皓爲烏程侯。

吴孫琳伏誅。

吴永安二年。

庚辰，三年。春正月。朔日食。

魏主奂景元一年。

吴永安三年。

夏五月。

魏司馬昭弑其主髦于南闕下，尚書王經死之。

六月。

魏主奂立。○注：奂，燕王宇之子也。本名璜，封常道鄉公。司馬昭迎之，更名奂。年十五矣。

吴會稽王亮自殺。○注：會稽謡言：亮當還，爲天子。而亮宫人告亮禱祠有惡言。吴主遂黜亮爲侯官侯，亮自殺。

辛巳，四年。

魏景元二年

吴永安四年

冬，以董厥、諸葛瞻爲將軍，共平尚書事樊建爲尚書令。

鮮卑索頭貢質于魏。○注：鮮卑索頭部世居北荒，不交南夏。至可汗毛始强大，統國三十六，大姓九十九。後五世至可汗推寅，南遷大澤。又七世至可汗鄰，使其兄弟七人及族人乙旃氏、車焜氏分統部衆爲十族。鄰老，以位授其子詰汾，使南遷，居匈奴故地。詰汾死，力微立，復徙居定襄之盛樂，部衆浸盛，諸部畏服之。至是，始遣其子沙漠漢貢于魏，因留爲質。索頭，鮮卑别部也。姓拓跋氏，其俗以索辮髮，故號。

御批 阮籍輩皆崇尚虛無，蔑禮敗度。當時士大夫乃以爲放達，爭慕效之。此晉俗之敝，其所由來者遠矣。

壬午，五年。秋八月。

冬十月，姜維伐魏洮陽，不克。

魏景元三年。

魏司馬昭殺中散大夫嵇康。○注：康與阮籍、阮咸、山濤、向秀、王戎、劉伶相友善，號『竹林七賢』。皆崇尚虛無，輕滅禮法。鍾會聞康名，造之，康箕踞而鍛，會將去。康曰：『何所聞而來，何所見而去？』

吳永安五年。吳立子𩅦爲太子。○注：𩅦，音彎。

以濮陽興爲丞相。

詰汾，元魏神元皇帝名。盛樂，縣名，屬定襄郡。後魏初，拓拔力微都此，號盛樂。

癸未，炎興元年。○注：是歲漢亡

春，詔立故丞相亮廟于沔陽。

夏五月，秋，魏遣鄧艾、鍾會將兵入寇，關口守將傅僉死之，姜維戰敗，還守劍閣。

冬十月，吳人來援。○注：告急于吳，吳來救漢。

會曰：『聞所聞而來，見所見而去。』遂深銜之。後會譖康于昭，昭遂殺之。魏以鍾會都督關中軍事。

魏景元四年。

魏司馬昭始稱相。國晉公受九錫。

吳永安六年。

吳交阯殺其太守以降魏。

吳使大將軍丁奉向壽春，丁封、

衛將軍諸葛瞻及鄧艾戰于綿竹，敗績。及其子尚皆死之。鄧艾至成都，帝出降。北地王諶死之，漢亡。

○注：漢人不備，魏兵卒至，帝使羣臣會議，或勸奔吴，或勸入南中。譙周俱以爲不必，乃遣使奉璽綬詣艾降。北地王諶怒曰：『若理窮力屈，禍敗將及，使當父子君臣背城一戰，同死社稷，以見先帝可也。奈何降乎？』帝不聽。諶哭于昭烈之廟。先殺妻子，而後自殺。帝别敕姜維，使降鍾會，又送士民簿于艾。艾至成都城北，帝率羣臣面縛輿櫬詣軍門，艾持節解縛焚櫬延見。禁將士無得擄掠，輒依鄧禹故事。拜漢帝以下官。

魏以鄧艾爲太尉，鍾會爲司徒。

孫異，向沔中救漢。吴兵還。

姜維身都將相，喪師蹙境；黄皓寵冠一時，殄民誤國。漢祚顛覆，偷生苟免；至于死節之臣，乃在傅僉、諸葛瞻父子及北地王諶而已！是時，鄧艾孤軍深入，使漢之君臣能竭力死守，未必遽爾滅亡。後主庸才，既不知國君死社稷之義，譙周諸人又輕以其國予賊，其視諶同死社稷之言，與大哭于昭烈之廟，而死之節曾犬彘之不若。嗚乎！諶雖已死，其言至今凛凛猶有生氣。帝禪有子如此，而不能聽用其言，可謂上愧乃父，下愧乃子矣。

甲申，春正月。

魏主奐咸熙一年。魏以檻車徵鄧艾。鍾會謀反，伏誅。監軍衛瓘襲艾，殺之。

吴主皓元興一年。

三月，

魏晉公昭進爵爲王。○注：魏詔晉公昭進爵爲王，追命其父懿爲宣王，兄師爲景王。

秋七月。

魏封故漢帝禪爲安樂公。○注：禪舉家遷洛陽，大臣無從行，唯郤正及張通單身從行。正相導宜適，舉動無闕，禪乃恨知正之晚。○郤正，偃師人。

吴主休殂，烏程侯皓立。○注：休疾，手書呼丞相濮陽興入，指霍托之而卒。謚曰景帝。吴人以蜀初亡，恐懼，欲得長君。左典軍萬彧嘗爲烏程令，與皓善，稱皓『才識明斷，乃長沙桓王之儔。』屢言于興及左將軍張布。布、興説朱太后，

八月。

魏晉王昭以其子中撫軍炎爲副相國。冬十月，立爲晉世子。〇注：初，晉王昭娶王肅之女，生炎及攸，以攸繼景王後。攸性孝友，多藝，優于炎。昭愛之。嘗曰：『天下者，景王之天下。』欲以攸爲世子。山濤曰：『廢長立少，違禮不祥。』賈充、何會等亦以炎有超世之才，非人臣之相，乃立炎爲世子。

迎皓立之。吳王貶朱太后爲景皇后，追謚其父和曰文皇帝，尊母何氏爲太后。

冬十一月。	乙酉，夏五月。	秋七月。
	魏咸熙二年晉世祖司馬炎泰始元年。魏晉王昭號其妃曰后，世子曰太子。	
吴殺其丞相濮陽興、左將軍張布。	吴甘露一年。	吴主殺景后及其二子。

八月。冬。

十二月。

魏晉王昭卒。

太子炎嗣。○注：謚昭爲文王。葬崇陽陵。○在河南府洛陽縣東南。

魏晉王炎稱皇帝。廢魏主陳留王。

魏亡○注：魏主禪位于晉，出舍金墉城。晉王即皇帝位。奉魏主爲陳留王，即宫于鄴。魏氏諸王皆降爲侯。追尊宣王、景王、文王爲皇帝，尊王太后爲皇太后。晉大封宗室。

吴遷都武昌。

丙戌，春正月。

三月，夏六月晦，日食。

○注：晉愍魏氏孤立之敝，故大封宗室，授以職任。除漢魏宗室禁錮，罷將吏質任。晉以傅元①、皇甫陶爲諫官。

晉泰始二年。晉立七廟。晉除郊祀五帝座。○注：晉主，王肅外甥，故郊祀之禮，有司多從肅議。

吳寶鼎一年。

吳遣使如晉弔祭。

①『傅元』即『傅玄』。避諱使然。作者隸屬清朝，清康熙帝名『玄燁』，遂以『元』代『玄』。

秋八月。冬十月朔，日食。	十一月。	十二月。	丁亥，春正月。	夏六月。	秋九月。	戊子。
晉主謁崇陽陵。	晉并圓方邱之祀于南北郊。		晉泰始三年。晉立子衷爲太子，徵犍爲李密，不至。		晉禁星氣、讖緯[1]之學。	晉泰始四年。
吳以陸凱、萬彧爲左右丞相。		吳還都建業。	吳寶鼎二年	吳作昭明宮。		吳寶鼎三年。
					索頭質子歸國。○注：晉遣之也。	

①讖緯是古代中國官方的儒家神學，讖書和緯書的合稱。讖緯是盛行于秦漢代的重要社會思潮，是傳統文化的重要組成部分。緯書是對秦漢以來『緯』『候』『圖』『讖』的總稱。

春正月。

三月。

夏四月。秋七月，衆星西流如雨而隕。九月。

己丑，春二月。

晉主親耕籍田。

晉太后王氏殂。

太保王祥卒。

晉大水。

晉泰始五年。

晉青徐兖州大水。晉以羊祜都督荊州軍事。晉禄用故漢名臣子孫。

吴建衡一年。

秋九月，有星孛于紫宮。冬十月。	庚寅，夏四月。	辛卯，春正月。冬十月朔，日食。	十一月。
	晉泰始六年。	晉泰始七年。	晉安樂公劉禪卒。○注：諡曰思。○于是漢亡八年矣。
吳左丞相陸凱卒。	吳建衡二年。吳以陸抗都督諸軍，治樂鄉。	吳建衡三年。吳主大舉兵遊華里，不至而還。	
		晉匈奴右賢王劉猛叛，走出塞。	劉猛寇晉并州。

壬辰，春正月。

二月。

秋七月。

九月。冬十月朔，日食。

晉泰始六年。

晉太子衷納妃賈氏。○注：賈充之女也，嫉妒，多權詐。晉太宰安平王孚，卒。○注：孚，字叔達，臨終遺令曰：『有魏貞士司馬孚。』

晉以賈充爲司空。

吳鳳凰一年。

吳步闡據西陵叛，降晉。

匈奴殺劉猛，降晉。

十一月。

吳陸抗拔西陵，誅步闡。晉羊祜等救之不及。吳殺其丞相萬彧、將軍留平、大司農樓元[①]。

癸巳，夏四月朔，日食。

秋七月朔，食日。

晉泰始九年。晉以鄧艾孫朗爲郎中。

晉選公卿女備六宮。

吳鳳凰二年。吳王殺其侍中韋昭。

甲午。

晉泰始十年。

吳鳳凰三年。

①『元』即『玄』。

春正月，日食。

三月，日食。

秋七月。

晉詔：自今不得以妾媵爲正嫡。

晉取良家女入宮。

晉后楊氏殂。晉以山濤爲吏部尚書。晉以嵇紹爲秘書丞。○注：紹，康之子也。晉作河橋。晉紹陵公曹芳卒。○注：于是，邵陵廢二十一年矣。及晉始卒魏之俗，猶近厚也。

吳殺其章安侯奮。○注：時訛言，奮當爲天子。吳主誅之，及其五子。

吳大司馬、荊州牧陸抗卒。吳比三年，大疫。○注：三年大疫，民何如哉？吳之亡，決矣。

乙未，夏六月。秋七月晦，日食。

冬。

晉咸寧元年。

晉追尊祖宗廟。晉大疫。

吳天册一年。

索頭遣子入貢于晉。○注：索頭拓拔力微復遣其子沙漠汗入貢于晉。

丙申，秋八月。

晉咸寧二年。

吳天璽一年。吳臨平湖開石印封發。吳殺其郡守張詠、車浚，尚書熊睦。

冬十月。	丁酉，春正月朔，日食。 三月。
晉加羊祜征南大將軍。晉立后楊氏，以后父駿爲車騎將軍。	晉咸寧三年。 晉擊禿髮樹機能，破之，降諸胡二十萬口。
	吳天紀一年。
	禿發樹機能晉擊破之。○注：鮮卑俗稱婢曰禿髮，其先乃婢，因以爲氏。史曰：其先壽闐之在孕，母相掖氏因寢而産于被中，鮮卑謂被爲『禿髮』，後因氏焉。樹機能名也，壽闐之孫。

秋七月，有星孛于紫宮。	冬十二月。	戊戌，春正月朔，日食。	夏六月。
晉詔遣諸王就國，封功臣爲公侯。晉大水。		晉咸寧四年。	晉羊祜入朝。
	吳人襲晉江夏、汝南，大略而還。吳司直中郎將張俶伏誅。	吳天紀二年。	
	索頭拓跋力微死。○注：子悉禄立，其國遂衰。		

秋。

冬。

十一月。

己亥。

晉咸寧五年。

晉大水、螟。

晉以衛瓘爲尚書令。

晉詔：無得獻奇技異服。晉以杜預爲鎮南大將軍，都督荊州諸軍事。鉅平侯羊祜卒。○注：祜疾篤，舉預自代而卒。晉主哭之甚哀。謚曰『成』。晉司空何會卒。晉清泉侯傅元卒。

吳天紀三年。

吳殺其中書令張尚。

吳人大佃皖城，晉人攻破之。

春正月。

冬十一月。

晉遣將軍馬隆討樹機能，斬之。晉以匈奴劉淵爲左部帥。○注：亂華之禍，始此矣。

晉大舉兵，分道伐吴。

樹機能陷晉涼州。晉遣將軍馬隆討斬之，涼州平。匈奴劉淵爲左部帥。○注：淵，字元海，匈奴左賢王豹之子。博習經史。嘗恥隨何陸賈無武，絳（周勃）灌（嬰）無文，于是，兼學武事。爲任子在洛陽，王渾及其子濟皆重之，屢薦于晉主，晉主與語，悦之。以爲由余、日磾無以過也。會豹卒，以淵代爲左部帥。

○注：王濬上疏曰：『吴主皓，荒淫凶逆，宜速征伐。若皓死，更立賢主，則强敵也；臣作船七年，日有朽敗；臣年七十，死亡無日。三者一乖，則難圖矣。』于是，晉主決意伐吴。

粤稽先王别異封域，置夷狄于要荒之外。其有慕義來王者，亦以國門外處之。所以謹華戎之辨，嚴内外之防也。自曹操分匈奴爲五部，處之内地，種類漸繁，晉氏繼之，盍知所革既不能。然而在朝之臣如王濟、李憙之薦，方且交譽劉淵之才，乃欲畀之重任，是所謂資寇兵，借盜糧，縱圈檻之虎豹而使之噬嗑于通衢者也。《綱目》書晉以匈奴劉淵爲左部帥，所以見五部之亂，自此兆矣。噫！

歷代統紀表卷之六

偃師段長基述　男摺書編次　孫 鼎鑰 鼎鈞 校刊

晉。晉世祖武皇帝。

○注：姓司馬氏，名炎。昭之子。都洛陽。在位二十五年，壽五十五歲。

庚子，太康元年，春，諸軍並進，吴丞相張悌迎戰，死之。三月，龍驤將軍王濬以舟師入石頭，吴主皓降。夏四月，賜孫皓爵歸命侯。遣使行荊揚。

割據

僭國。兩晉之間，前後僭位于北方者十八國，總計二趙，三秦，五燕，五涼，成，魏，夏。而拓拔之代魏，不與焉。北燕高雲與魏冉閔弒逆不終，西燕六主自戕殺，皆不成國，餘十六國附見晉書。

二趙	劉淵，匈奴人。自謂漢甥，冒姓劉氏。晉武帝命爲匈奴五部長，自稱大單于，據平陽，稱漢後改趙，是爲前趙。劉曜徙都長安，凡傳國三十五年。石勒初爲盜，後降漢。漢劉淵以爲將軍，據漢國滅劉曜，仍稱趙，
五燕	慕容廆，鮮卑人，據遼東，自稱大單于。其子皝稱王。皝之子儁稱帝，是爲前燕。儁子暐爲秦苻堅滅之。凡四，傳六十四年。慕容垂，皝第五子，苻堅以爲將軍，叛秦據中山稱帝，是爲後燕。
代	拓拔魏之先世爲代，自三國魏元帝景元二年，拓拔力微遣子入貢，徙居定襄之盛樂，數傳至拓拔禄官，益強大，後追謚『昭帝』。其姪猗盧，以晉懷帝封代公，進爵代王。迄于東晉孝武帝丙子凡四傳，六十七年。
三秦	蒲洪，略陽氏人，穆帝時據長安，自稱三秦王，共子健僭稱帝，凡六主四十四年。是爲前秦。姚戈，仲赤亭羌。據長安，自稱扶風公，至姚萇據北地，稱帝。凡三主三十四年。是爲後秦。
五涼	張軌，晉惠帝以爲梁州刺史。據涼州，稱涼公。奉中國正朔。至張茂降趙，封涼王，僭號凡九傳，七十六年。是爲前涼。呂光略陽氏人，爲苻堅將，叛據姑臧，僭號稱帝，是爲後涼。禿髮烏孤，鮮卑別種，呂光以爲河西都統。
成夏	李特，巴西人，晉惠帝以爲將軍。據成都，自稱益州牧，僭號稱成王。至李壽改國號漢，凡六傳，四十五年。赫連勃勃，匈奴人。事苻堅，爲安北將軍。據朔方，僭號稱帝，都統萬國，號夏。凡三主二十五年。
楊段	

二趙 五燕 代 三秦 五涼 成夏 楊段

除吴苛政。○注：漢高入關，除秦苛法。世祖至河北，除莽苛政。于是書除吴苛政，予晉以吊民之師也。封拜平吴功臣。冬十月，尚書胡威卒。初置司州。○注：是歲，以司隸所統郡置司州。凡州十九，郡國百七十三，户二百四十五萬九千八百四十。

丑辛，二年，春三月。選吴伎妾五千人入宮。

是爲後趙。凡四傳，三十三年。附：冉閔簒石，趙改國號，魏據鄴國，凡三年，慕容儁滅之。

凡四傳，二十四年。慕容德，䟴少子。後燕以爲冀州牧。據滑臺稱帝，后徙廣固。凡二主十三年，是爲南燕。慕容泓，儁子，據華陰以東，改元燕興。高益弑之，立慕容沖。是爲西燕。馮跋，後燕臣。弑其主慕容熙，立高雲。又弑雲自立。是爲北燕，凡二傳二十八年。

爲前秦所滅。後拓跋珪復爲代土。都盛樂城，稱王。改號魏，是爲元魏之祖。

乞伏國仁，鮮卑人。晉孝武時擄金城，稱王，凡四主四十七年，是爲西秦。

據廣武，僭號稱帝，凡四主十八年，是爲南涼。段業，京兆人。吕光以爲建康太守，擄張掖，稱涼王，沮渠蒙遜簒之，是爲北涼。凡二傳三十九年。西涼李暠據燉煌，遷治酒泉十二年，子歆嗣。宋永初元年爲蒙遜所滅。

○注：先書選公卿女矣。又書取良家女矣。皆譏也。于是復書選吴伎妾，晉武之志益荒矣。終《綱目》書，采選五晉，武居三焉。

冬十月。

二趙	
五燕	鮮卑慕容涉歸，寇昌黎。初鮮卑王莫護拔始自塞外，入居遼東棘城之北，見燕代多冠步摇冠，好之，遂襲冠焉。諸部因呼爲『步摇』。其後音訛，轉爲慕容，遂以爲氏，號曰『慕容部』。部至孫涉歸遷于遼東之北。世附中國，數從征伐有功，拜大單于，至是始叛。
代	
三秦	
五涼	
成夏	
楊段	

壬寅，三年。春正月朔，帝親祀南郊。以張華都督幽州軍事。冬十二月，以齊王攸爲大司馬、都督青州軍事。○注：齊王德望日隆，以荀勗馮紞等惡之，故言于帝，使出之國，王軍、甄德等切諫，懇留之，帝不聽。

癸卯，四年。

寇昌黎。○自漢魏以來，羌氐鮮卑降者多處之塞内，其後漸爲民患。侍御史郭欽上疏切言：『戎狄不可久居内郡。宜及平吴之威，漸徙于邊地，峻四夷出入之防。』不聽。

	春三月，齊王攸卒。夏，琅琊王伷卒。子覲嗣。○注：書伷卒者，詳東晉之世也。歸命侯皓卒。○注：吴滅于是，四年矣。	甲辰，五年。春正月，龍見武庫井中。	乙巳，六年。春正月，尚書左僕射劉毅卒。以王渾爲尚書僕射。冬。	
二趙				
五燕				慕容廆寇遼西。初，慕容涉歸卒，弟删篡立。
代				
三秦				
五涼				
成夏				
楊段				

		至是，删爲其下所殺，迎涉歸子廆立。					
丙午，七年。春正月朔，日食。司徒魏舒罷。							
丁未，八年。春正月朔，日食。太廟殿陷。							
戊申，九年。春正月朔，日食。夏六月朔，日食。○注：連歲三見，《綱目》以來未之有也。旱。秋八月，星隕如雨。地震。							

	己酉	
	己酉，十年。夏四月，太廟成。冬十月，復明堂及南郊五帝位。	十一月，尚書令荀勗卒。遣諸王假節之國，督諸州軍事，封子孫六人爲王。○注：帝極意聲色，遂至成疾。楊駿忌汝南王亮，以爲大司馬、都督豫州軍事，使鎮許昌；又徙皇子南陽王柬爲秦王，都督關中；瑋爲楚王，都督荊州；允爲淮南王，都督楊、江二州諸軍事，
二趙		以劉淵爲匈奴北部都尉。淵輕財好施，傾心接物，五部豪傑，幽冀名儒，多往歸之。
五燕	慕容廆降，以爲鮮卑都督。鮮卑段國單于以女妻廆，生皝、仁、昭。廆以遼東僻遠，徙徒河之青山。	
代		
三秦		
五涼		
成夏		
楊段		

并假節之國，立皇子乂爲長沙王，穎爲成都王，晏爲吴王，熾爲豫章王，演爲代王，孫遹爲廣陵王。

孝惠皇帝。○注：名衷，武帝子。在位十七年，壽四十八。庚戌永熙元年。○注：當書十一年分注惠帝永熙元年。謹按：是年四月，晉武帝崩。歲首，即太康十一年也。當依章武三年例，以前爲正。或曰愍帝亦四月即位，元帝三月即晉王位。夫何以後爲正乎？曰：『不同也。』是年書太康十一年者，正武帝之終，明年書元康元年者，正惠帝之始，此《綱目》之正例也。愍、元二帝即位之年，即書元年，本春秋之法也。魯昭公在外薨，定公六月即位，故于歲首即書元年；晉懷帝永嘉五年，漢人遷帝于平陽，明年漢封爲會稽郡公，晉已曠歲無君矣。又明年被弑，懷帝不得正其終。而愍帝雖四月即位，故必于歲首追書建興之號。至四年，復降于漢，愍帝又不得正其終。明年三月，元帝即晉王位，亦必于歲首追書建武元年。二者，非惟本春秋之法，抑所以正其統也。

二趙	
五燕	
代	
三秦	
五涼	
成夏	
楊段	

夏四月，以楊駿爲太尉輔政。帝崩。太子衷即位。尊皇后曰皇太后。立皇后賈氏。

五月，葬峻陽陵。○注：在河南府洛阳縣。

晉武即位以來，書除宗室禁錮，書以傅元等爲諫官，書用故漢名臣，子孫禁獻奇技異服，往往有可觀者。然暗于知子納妃賈氏，而啟五王之禍；蔽于信讒，疎斥齊王而失燕翼之謀；昧于防患，尊寵劉淵而基亂華之禍。《綱目》每深惜而備書之，葢其以位爲樂，無深長思，是以晉運方新而災異狎至。書日食十有七，而食三朝者五；書水災四而連數州者二；書星變四而孛紫宫者再。又書大疫、書螟、書旱，雖能開創帝業，身殁而天下大亂，宜矣。

	以舅楊駿爲太傅、大都督、假黄鉞、録朝政，百官總己以聽。	秋八月，立廣陵王遹爲太子。琅琊王覲卒。子睿嗣。	辛亥，元康元年。春三月，皇后賈氏殺太傅楊駿。廢皇太后爲庶人。徵汝南王亮爲太宰，與太保衛瓘録尚書事。
二趙		以劉淵爲匈奴五部大都督。	
五燕			
代			
三秦			
五涼			
成夏			
楊段			

夏六月，皇后殺太宰亮、太保瓘及楚王瑋。以賈模、張華、裴頠爲侍中，並管機要。

子壬，二年。春二月，皇后賈氏弑故皇太后楊氏于金墉城。○注：時太后尚有侍御十餘人，賈后悉奪之，絶膳八日而卒。

丑癸，三年。夏六月，宏農雨雹。○注：深三尺。

寅甲，四年。

大饑。司隸校尉傅咸卒。

乙卯，五年。夏六月，東海雨雹。○注：深五寸。荊、揚、兗、豫、青、徐州大水。冬十月，武庫火。○注：焚累代之寶及二百萬人器械。

二趙

五燕

慕容廆徙居大棘城。

代

索頭分其國爲三部。○注：一居上谷，祿官自統之；一居代郡，使兄子猗㐌統之；一居定襄之盛樂，使猗㐌弟猗盧統之。

三秦

五涼

成夏

楊段

辰丙，六年。春，以張華爲司空。

冬十二月。

略陽氏楊茂搜據仇池。

○注：初，略陽清水氏楊駒始居仇池，方百頃，四面斗絶，蟠道三十六回而上。至其孫千萬附于魏，封爲百頃王，千萬孫飛龍徙居略楊，以其甥令狐茂搜爲子。搜避齊萬年之亂，帥部落還保仇池，關中人士多依之，稱氏王。

	二趙	五燕	代	三秦	五涼	成夏	楊段
丁巳，七年。秋九月，以王戎爲司徒。		索頭猗㐌西略諸國。○注：猗㐌渡漢，北巡西略諸國，降附三十餘國。					二十二年，傳難敵。
戊午，八年。秋九月，荊、豫、徐、揚、冀州大水。							
己未，九年。春正月，以成都王穎爲平北將軍，鎮鄴。河間王顒爲鎮西將軍，鎮關中。							

冬十一月朔，日食。十二月，廢太子遹爲庶人。○注：賈后無子，立遹爲太子，至是廢之。

庚申，永康元年。春正月，幽故太子遹于許昌。三月，尉氏雨血。妖星見南方。太白晝見。中臺星坼。皇后殺故太子遹。夏四月朔，日食。趙王倫廢皇后賈氏爲庶人，殺之。遂殺司空張華、僕射裴頠。自爲相國，追復故太子位號。

五月，立臨淮王臧爲皇太孫。秋八月，淮南王允討趙王倫，不克而死。趙王倫殺黄門郎潘岳、衛尉石崇等。以齊王冏爲平東將軍，鎮許昌。趙王倫自加九錫。冬十一月，立皇后羊氏。○注：后，尚書郎元[1]之之女，秀之黨也。

二趙	
五燕	
代	
三秦	
五凉	
成夏	
楊段	

①「元」即「玄」之避諱字。

辛酉，永寧元年。春正月，趙王倫自稱皇帝，遷帝于金墉城。殺太孫臧。三月，齊王冏及成都王穎、河間王顒等，舉兵討倫。倫遣兵拒之。閏月朔，日食。自正月至于是月，五星互經天，縱横無常。夏四月，成都王穎擊敗倫兵，帥師濟河，左衛將軍王輿等迎帝復立。倫伏誅。

以張軌爲涼州刺史。

六月，以齊王冏爲大司馬輔政，成都王穎爲大將軍，河間王顒爲太尉，各還鎮。○注：齊王冏入洛，甲士數十萬，威震京師。詔以爲大司馬，加九錫，備物典策，如宣、景、文、武輔魏故事；成都王穎爲大將軍，都督中外諸軍事，假黄鉞録尚書事，加九錫；河間王顒爲侍中、太尉；常山王乂爲撫軍大將軍。齊、成都、河間三府，各置掾四十人，武號森列，文官備員而已，識者知兵之未戢也。

二趙

五燕

代

三秦

五涼

成夏

楊段

冬十月。

李特據廣漢，進攻成都。○注：李特、李庠兄弟，巴氐人。兄弟至蜀，聚衆爲盜。初，賈后之姻親趙廞爲益州刺史，相與善。因李庠勸廞稱尊號，廞以爲大逆，斬之。特怨廞，攻殺之。詔以羅尚爲益州刺史，又以特弟驤爲騎督。至是，李特據廣漢，攻成都。

壬戌，太安元年。夏，立清河王覃爲皇太子。○注：武帝孫，方八歲。

冬十二月，河間王禺使長沙王乂殺齊王冏。○注：按：晉室八王，相繼誅死。八王者，亮、禺、倫、瑋、乂、允、穎、冏也。賈后徵亮爲太宰，亮頗專，賈后惡之。使帝作手詔，命瑋收亮并衛瓘斬之。張華慮瑋擅朝權乂勸賈后收瑋斬之。倫矯詔，敗賈后，賜死，并殺張華、裴頠，以除朝望。于是，倫有異志，自稱相國，已而允帥師討倫，倫殺允。倫篡位，遷帝于金墉城。未幾，冏、穎、禺、乂等討倫，倫大敗，遂賜死。

二趙		
五燕		鮮卑宇文部圍棘城，慕容廆擊破之。
代		
三秦		
五凉		
成夏		
楊段		

帝復位，冏輔政，驕奢擅權。穎乃表冏罪，請乂廢冏，以穎輔政。穎亦恃功驕奢，嫌乂在内，遂與顒共攻乂。乂奉帝，拒之。已而，東海王越收乂殺之。于是，穎與顒表裏爲奸。越因討穎，戰于蕩陰，越敗績。帝頰中三矢。嵇紹朝服登輦，以身衛帝，因被殺，血濺帝衣。穎迎帝入鄴，左右欲浣衣。帝曰：『嵇侍中血，勿浣也。』未幾，東嬴公騰（越弟）起兵討穎。穎勢窮，顒乃廢穎。既而，穎顒並被殺。凡八年中，八王皆死。

	陳留王曹奐卒。晉人葬之。謚曰『魏元皇帝』。○注：自廢至是，三十八年矣。	癸亥，二年。春二月。	夏五月。	秋，河間王禺，成都王穎舉兵反。九月，帝自將討穎、禺。將張方入城大掠。
二趙				
五燕				
代				
三秦				
五涼				
成夏		羅尚大破李特，斬之。李流代領其衆。	李雄攻陷郫城。○注：雄，特之子也。	李流死，雄代领其衆。
楊段				

冬十月，長沙王乂奉帝及穎兵戰于建春門，大破之。十一月長沙王乂奉帝討張方，不克。穎進兵逼京師，詔雍州刺史劉沈討禺，戰敗死之。

閏十二月。

李雄攻走羅尚，遂入成都。

封鮮卑段務勿塵爲遼西公。

		甲子，永興元年。○注：是歲，僭国二。春正月，東海王越使張方殺長沙王乂。穎入京師，自立爲丞相。尋還鎮鄴。○注：东海王越疎屬也。
二趙		漢劉淵元熙一年。
五燕		
代		
三秦		
五涼		
成夏		成李雄建興一年。
楊段	○注：幽州都督王浚以天下方亂，欲結援夷狄。乃以一女妻務勿塵，一女妻宇文蘇恕延。又表以遼西郡封務勿塵。○浚，沈之子也。	

二月，潁廢皇后羊氏及太子覃。禺表潁爲皇大弟，自爲太宰、雍州牧。秋七月，東海王越奉帝征潁，復皇后太子。潁遣兵拒戰蕩陰。侍中嵇紹死之，帝遂入鄴。越走歸國。幽州都督王濬、并州刺史東嬴公騰起兵討潁。○注：騰，越之弟也。

八月，潁殺東安王繇，琅琊王睿走歸國。○注：睿，繇兄子也。張方復入京城，廢皇后、太子。幽、并兵至鄴。潁奉帝還洛陽。濬大掠鄴中而還。

劉淵自稱大單于。○注：初，潁表匈奴左賢王劉淵監五部軍事使，將兵在鄴。

冬十月。

二趙	劉淵自稱漢王。	既而，淵從祖宣與其族人謀立淵爲大單于。穎不許，歸淵。假歸，說五部赴國難之說，以二部摧東嬴之兵，三部梟王浚之首。穎悅，拜淵爲北單于，參丞相軍事。淵至左國城，劉宣等上大單于之號。二旬之間，有衆五萬，都于離石。
五燕		
代		
三秦		
五涼		
成夏	李雄自稱成都王。	
楊段		

十一月，張方還帝于長安。僕射荀藩立，留臺于洛陽。復皇后羊氏。○注：方擁帝及穎，豫章王熾等趨長安，禺迎于霸上，以征西府爲宮。唯荀藩及司隸劉暾等在洛陽爲留臺，承制行事，復稱永安，立羊后，號東、西臺。

十二月，太宰禺廢太弟穎，更立豫章王熾爲皇太弟。○注：帝兄弟二十五人，

○注：謂羣臣曰：『吾漢之甥也，約爲兄弟。兄亡弟紹，不亦可乎！』乃建國號曰『漢』。

漢寇太原、西河郡。

○注：雄以范長生有名德，欲迎以爲君，長生不可。雄遂即王位。

時存者唯穎、熾及吴王晏。

乙丑，二年，夏四月，張方復廢皇后。○注：羊后于是三廢矣。秋七月，東海王越自領徐州都督，傳檄討張方。八月，東海王越、范陽王虓發兵西豫州，刺史劉喬拒之。太宰顒遣張方助喬。冬十月，虓破之。

二趙　漢元熙二年。

五燕

代

三秦

五凉

成夏

楊段

十二月，成都王穎據洛陽。范陽王虓自領冀州刺史，擊穎將石超，斬之。劉喬衆潰，東海王越進屯陽武，王濬遣將祁宏助之。

丙寅，光熙元年。春正月朔，日食。太宰禺殺張方，成都王穎奔長安。

漢元熙三年。

成晏平一年。

○注：東海王越之起兵也，使人説禺，令奉帝還洛，約與分陝爲伯。禺欲從之。張方止之。及劉喬敗，禺懼，誘方殺之，送首于越，以請和。越不許，遣祁宏西迎車駕。夏四月，東海王越進屯温，遣祁宏入長安，奉帝東還。

六月，至洛陽。復羊后。

秋七月朔，曰食。八月，以東海王越爲太傅，録尚書事。以范陽王虓爲司空，鎮鄴。

二趙		
五燕		
代		
三秦		
五涼	成都王雄稱成皇帝。	
成夏		
楊段		

九月，頓邱太守馮嵩執成都王穎，送鄴。冬十月，范陽王虓卒。長史劉輿誅穎。十一月，帝中毒，崩。太弟熾即位，尊皇后曰惠皇后。立妃梁氏爲皇后。○注：帝食餅中毒。或曰：『太傅越之鴆也。』十二月朔，日食。○注：一歲三食。《綱目》一千三百六十一年，一書而已矣。

南陽王模誅河間王顒。

葬太陽陵。○注：在洛陽境内。

《綱目》發明，晉惠庸愚，晉武非不知之。特因其子遹幼慧，故不肯別立他子。遂使禍亂交作，四海分崩。《綱目》于惠帝，初無貶詞，然今年書弒太后，明年書殺太子，又明年書遷帝于金墉，書廢皇后、太子。至于乂奉帝討張方也，越奉帝征穎也，張方遷帝長安也。祁宏奉帝東還也。欲東而東，欲西而西，如嬰兒玩弄于股掌之上，豈可以爲君哉？是以始焉不保太后，次焉不保妻子，終焉不保其身。

孝懷皇帝。○注：名熾，惠帝弟。在位六年，被劉聰執而弒之。

卯丁，永嘉元年。春三月，立清河王覃。弟詮爲皇太子。

漢元熙四年。

二趙	五燕	代	三秦	五凉	成夏	楊段

太傅越出鎮許昌。○注：帝親覽大政，留心庶事，越不悦，固求出藩。以南陽王模都督秦雍等州軍事。

夏五月。

羣盜汲桑，石勒[1]入鄴。殺都督新蔡王騰。○注：石勒，上黨武鄉羯人。有膽力，善騎射。并州大飢，東嬴公騰執諸胡于山東，賣充軍實。勒亦被掠，賣爲茌平人師懽奴。懽家鄰于馬牧，

①石勒：本名㔨(bèi)，字世龍，羯族部落首領周曷朱之子，中國歷史上唯一一位奴隸皇帝。

秋七月，以琅琊王睿为安东將军、都督揚州諸軍事，鎮建業。○注：睿至建業，

二趙	勒與牧帥汲桑爲盜。及成都王穎廢河北，人多憐之。其故將公孫藩自稱將軍，起兵趙魏，勒與桑赴之。及藩死，桑逃還苑中，更聚衆聲言爲成都王報仇。以石勒爲前驅，進攻鄴。時鄴中空竭，而新蔡王騰富而吝。桑遂入鄴，燒毁宮室，大掠而去。	石勒降漢。○注：勒與桑攻兗州，
五燕		
代		
三秦		
五凉		
成夏		
楊段		

以王導爲謀主，推心親信，每事咨焉。	冬十一月朔，日食。以王衍爲司徒。太傅越自領兗州牧。徙苟晞爲青州刺史。	辰戊，二年。春正月朔，日食。
太傅越遣苟晞討之。晞追擊桑，破其八壘。桑奔馬牧，爲人所殺。勒降漢，漢淵以勒爲護漢將軍、平晉王。	王彌及其黨劉靈降漢。	漢永鳳一年。劉聰據太行。石勒下趙。
	慕容廆自稱鮮卑大單于。	
	拓跋祿官卒。○注：弟猗盧總攝三部，與慕容廆通好。	

	二月，太傅越殺清河王覃。	夏五月，漢王彌寇洛陽。張軌遣北宮純入衛，擊走之。
二趙	魏王濬擊勒，破之。○注：聰驍勇絕人，博涉經史，善屬文，彎弓三百斤，弱冠遊京師，名士莫不與交。	
五燕		
代		
三秦		
五涼		漢王彌寇洛陽，張軌遣北宮純入衛，擊走之。○注：張軌，烏氏人。涼州刺史詔封西平郡公，辭不受。
成夏		
楊段		

秋七月。

冬十月。

十二月。

巳己，三年。

漢河瑞一年。	石勒、劉靈寇魏汲、頓邱。	漢王淵稱皇帝。	漢徙都蒲子。○注：今以隰川縣省入，改屬平陽府。	
				時州郡之役，莫有至者，獨軌貢獻不絕，奉中國正朔。
	成尚書令楊褒卒。			

春正月朔，熒惑犯紫微。

三月，以山簡都督荊湘等州軍事。太傅越入京師，殺中書令繆播、帝舅王延等十餘人，以王衍爲太尉。太傅越使將軍何倫領國兵入宿衛。

夏大旱。

秋八月，漢寇洛陽，宏

二趙	漢徙都平陽。	漢寇黎陽，陷之。	石勒寇鉅鹿、常山。寇壺關，陷之。	寇洛陽。
五燕				
代				
三秦				
五涼				
成夏				
楊段				

農太守垣延襲敗之。

冬十月，漢復寇洛陽，北宮純擊敗之。

庚午，四年。春正月，漢寇徐、豫、兗、冀諸郡。琅琊王睿，以周玘爲吴興太守。

秋七月。

復寇洛陽。

漢劉聰光興一年。寇徐、豫、兗、冀諸郡。寇東平琅琊。

漢主淵卒。太子和立。其弟聰弑

氐酋蒲洪自稱略陽公。

冬十月，漢寇洛陽。遣使徵天下兵入援。漢石勒擊并王如兵，遂寇襄陽。

而代之。流民王如寇南陽以附漢。

二趙

寇洛陽。寇襄陽。

五燕

代

以拓拔猗盧爲大單于，封代公。○注：初，匈奴劉猛死。劉虎代領其衆，居新興，號『鐵弗氏』。與白部鮮卑皆附于漢。劉琨將討之，遣使説拓拔猗盧以請兵。猗盧使其弟弗之子鬱律助之。遂破劉虎、白部。琨與猗盧結爲兄弟，表爲大單于。

三秦

○注：洪略陽臨渭氐酋也。驍勇多權略。漢拜爲平遠將軍，不受。自稱秦州刺史，略陽公。

五涼

成夏

楊段

十一月，太傅越率兵討寇。次于項。〇注：晉室之亂，原于惠帝之庸愚。肇于孽后之唱禍，成于諸王之交攻。蓋至于太傅越之時，亦已極矣！前書漢寇洛陽，是賊勢已逼京師；繼書召兵入援，則是國勢已甚危急；又況竟無一人至者，越于是曾無守衛根本之意，乃率兵而出，則是棄主與賊耳。故書次于項則見其頓兵于外之意，後不書卒于軍，而書卒于項，則見其不没于王事之意。

漢主聰殺其兄恭。〇注：目以越次而立，忌其兄恭而殺之。漢太后單氏卒。〇注：單氏，少美。聰烝焉。太弟乂以爲言，單氏慚恚而死。〇乂單后之子也。

以代郡封之，爲代公。

辛未，五年。春正月，琅琊王睿逐揚州都督周馥，以王敦爲揚州刺史，都督征討諸軍事。三月，太傅越卒于項。以苟晞爲大將軍，督六州。夏五月，漢人入寇。六月，陷洛陽，殺太子詮，遷帝子平陽，封平阿公。

二趙	漢嘉平一年。曹嶷寇青州。石勒寇江夏，陷之。陷洛陽，殺太子詮，遷帝于平陽。
五燕	
代	
三秦	
五凉	
成夏	成玉衡一年。寇陷涪、梓潼。
楊段	

司空荀晞奉豫章王端建行臺于蒙城。荀藩奉秦王業趣許昌。○注：端，太子詮弟也。荀晞奉爲皇太子，置行臺，徙屯蒙城。秦王業，吳孝王晏之子，藩甥也，年十二，南奔密。藩等奉之以趣許昌。

秋七月，大司馬王濬自領尚書令。○注：設壇告類，立皇太子。漢劉曜寇長安。南陽王模出降，曜斬之，遂據長安。模世子保保，上邽。漢石勒陷蒙城，執荀晞及豫章王端。

劉曜

寇長安，殺南陽王模，遂據長安。○注：曜，淵之族子。生而白眉，目有赤光，聰慧而有量。早孤，義子淵。及長，儀貌魁梧，性拓落高亮。好讀書，善屬文。

鐵厚一寸，射而洞之。劉聰重之，以爲漢武帝、魏世祖之流。

冬十月，馮翊太守索琳等擊敗漢兵于長安。十二月，迎秦王業入雍城。

二趙

漢石勒誘王彌，殺之。

五燕

慕容廆擊破鮮卑素喜木丸部。○注：鮮卑素喜連、木丸津屢攻諸縣。東夷校尉封釋不能討。慕容廆聽其子翰之言，討斬之。

代

三秦

五涼

成夏

楊段

壬申，六年。○注：帝遷平陽，踰年矣，書六年，存正統也，帝未遇害。秦王在雍，正統固在矣。

漢嘉平二年。

春正月。

二月朔，日食。琅琊王睿遣紀瞻討石勒于葛陂。勒引兵退。漢封帝爲會稽郡公。

夏，維州刺史賈疋○注：古雅字等進圍長安。劉曜敗走。秦王業入長安。漢劉曜襲晉陽，陷之。劉琨奔常山。

劉聰納劉殷二女爲貴嬪，又納殷孫女四人爲貴人。

石勒據襄國。劉曜陷晉陽。

張軌遣兵詣長安。○注：兵尊輔秦王也。

	秋九月，賈疋等奉秦王業爲皇太子建行臺。	冬十月，代公猗盧攻晉陽，劉曜敗走。猗盧追擊，大敗之。	十二月，盜殺賈疋。麴允領雍州刺史。王敦殺其兄荊州都督澄。
二趙			
五燕			
代		猗盧攻晉陽，劉曜敗走。猗盧追擊，大敗之。	
三秦			羌酋姚弋仲自稱扶風公。○注：弋仲，南安赤亭羌也。東徙榆眉，戎夏襁負隨者數萬，後爲後秦。
五涼			
成夏			
楊段			

孝愍皇帝。○注：名業，吳王晏之子，懷帝姪也。即位長安，在位四年。降劉聰。聰弒之。癸酉，建與元年。春二月，漢主劉聰弒帝于平陽。庚珉王儁死之。

三月。

夏四月，太子業即位于長安。索綝領太尉。

漢嘉平三年。	劉聰立共貴嬪劉娥爲后。	石勒遣石虎攻陷鄴。而據之。
		慕容廆攻段氏。取徙河。

五月，以琅琊王睿爲左丞相，南陽王保爲右丞相，分督陝東西諸軍事。左丞相睿以祖逖爲豫州刺史。王敦表陶侃爲荊州刺史。

冬十一月。

十二月，左丞相睿遣世子紹鎮廣陵。

二趙		劉曜寇長安，麴允破走之。	石勒遣使奉表于王浚。○注：浚謀称尊號，勒欲襲之，未知虚實，
五燕			
代			代城盛樂及平城。○注：代猗盧城，盛樂爲北都，故平城爲南都，
三秦			
五涼			
成夏			
楊段			

	甲戌，二年。春正月，有如日隕于地，又有三日相承東行。有流星隕于平陽北，化爲肉。 二月，以張軌爲太尉涼州牧。 三月。		
故遣王子春奉表于浚。	漢嘉平四年。石勒复遣使奉表于王浚。		石勒襲薊。
又作新平城於灅陽，使六脩居之，統領南部。			
		张軌奉诏爲太尉、凉州牧	

	夏五月，六月，漢寇長安，索綝大破之。 冬。			乙亥，三年。
二趙	陷之，殺王浚。師還。		漢主聰以子粲爲相國。	漢建元一年。
五燕				
代				
三秦				
五凉		太尉、西平公張軌卒。子寔嗣。○注：謚曰『武穆』。詔寔仍爲西平公。		
成夏				
楊段				

春二月，以左丞相睿爲丞相，都督中外諸軍事。南陽王保爲相國，劉琨爲司空。

三月。夏六月，盜發漢霸杜二陵。○注：得金帛甚多，亦可爲厚葬者戒。

冬十月。

	立三后。○注：聰納靳準二女：月光、月華。立月光爲上皇后。劉貴妃與月華爲左右后。	
進代公猗盧爵爲王。		
		張寔得璽，獻之。

		丙子，四年。春。
二趙		漢麟嘉一年。
五燕		
代		代六修弒其君猗盧，猗㐌子普根討之而立，尋卒。鬱律立。○注：猗盧欲立少子比延，乃出長子六修于新平城而黜其母。六修來朝猗盧，使拜比延，不從，盧怒，
三秦		
五涼	○注：涼州軍士得皇帝行璽，獻于張寔。寔曰：『是非人臣所得留。』歸之長安。	張寔遣兵入援。○注：前張軌遣督護入衛矣。又書張軌遣兵詣長安矣。于是復書張寔遣兵入援。父子可謂能事君矣。
成夏		
楊段		

夏六月朔，日食。

秋七月。

冬十一月，漢劉曜陷長安。帝出降。御史中丞吉朗死之。漢封帝爲懷安侯。

	劉聰立婢樊氏爲后。○注：樊氏，故張后侍婢也。聰立三后矣。又以婢爲后，而位之上，何以母儀一國？況其婢乃父之婢乎。	劉曜陷長安。送帝于平陽。聰封帝爲懷安
帥衆討之。兵敗，遂爲所弑。		

○注：曜陷長安。帝嘆曰：『誤我事者，麴、索二公也。』乘羊車出降。吉朗嘆曰：『吾智不能謀，勇不能死，何忍君臣相隨，北面事賊虜乎。』乃自殺。

十二月朔，日食。丞相睿出師露次。移檄北征。

侯，以劉曜爲秦王，假黃鉞，都陝西。

康鏡溪云：『晉武帝廢魏主而自立，名曰「禪」，實篡也。而吞吳并蜀，天下一統，不得不以帝系紀之。帝明達善謀，能所斷大事。承魏代侈，刻厲以恭儉。平吳之後，天下乂安。遂怠于政術，耽于遊宴，寵愛后黨，親貴當權。既而寢疾彌留，而楊后輒爲詔，以楊駿朝政。中朝之亂，實始于斯。惠帝戇騃，不辨菽麥。孽婦專恣，八王構難，骨肉相殘，至爲羯口所笑。真和嶠所謂此坐可惜，不了家事者也。懷帝嗣立未幾，囚于劉聰，愍帝守虛名于奔播之餘，卒爲劉曜所降。自是，五部亂華，割據中原，而晉業遂偏安江左矣。懷愍不能死國，至爲虜行酒執蓋，而卒不免死，亦足羞也。』

二趙

五燕

代

三秦

五涼

成夏

楊段

○注：當此晉室危蹙之時，琅琊初無救援之志。及聞其不守，始出師露次，移檄北征。然亦卒不聞有征討之實，則亦張虛聲而已。	中宗元皇帝。○注：名睿，琅琊王覲之子。都建康。在位六年，壽四十八歲。丁丑，建武元年。○注：舊漢大國，一成小國。一新涼小國，一是歲凡三僭國。春正月。
	漢麟嘉二年。
	前涼張寔建興一年。遣司馬韓璞將兵伐漢。

	三月，丞相睿即晉王位。立宗廟社稷。○注：弘農守宋哲爲漢所攻，棄郡奔建康。稱受愍帝詔，令丞相睿統攝萬幾。睿素服出次，舉哀三日。官屬上尊號，不許。固請，睿慨然曰：『孤，罪人也。君見逼不已，當歸琅琊耳。』命駕將歸國。請依魏晉故事稱晉王，乃許之。遂即位，改元，置百官，立宗廟，建社稷。	夏四月。五月，日食。六月，豫、冀、青、寧等州皆上表勸進。
二趙		聰殺其太弟乂。
五燕	慕容廆與劉琨皆遣使勸進。嘉廆之能尊主知義也。	
代		
三秦		
五涼		
成夏		
楊段		

秋七月。冬十一月朔，日食。以劉琨爲太尉。立太學。 十二月，漢主劉聰弒帝于平陽。辛賓死之。		戊寅，太興元年。
立子粲爲太子。劉琨、段匹磾討石勒，未行而罷。	劉聰弒帝于平陽。	漢劉曜光初一年。

春。

三月，王即皇帝位。○注：愍弟凶問至建康。王斬衰居廬。百官請上尊號，不許。紀瞻曰：『晉氏統絶于今二年，兩都播蕩，宗廟無主。劉聰竊號于西北，而陛下高讓于東南，此所謂揖讓而救火也。』王猶不許，令殿中將軍韓績撤御坐。瞻叱績曰：『帝座上應列星，敢動者斬！』王爲改容，遂即皇帝位。立王太子紹爲皇太子。○注：紹仁孝，喜文辭，善武藝，好賢禮士，與庾亮、温嶠爲布衣之交。

漢螽斯則百堂災。○注：著聰滅也。于是聰子死者二十一人。

以慕容廆爲龍驤將軍大單于。

張寔遣使上表。○注：寔因南陽王保告急，遣步騎二萬赴之，軍至新陽，聞愍帝崩。保謀稱尊號。張詵言于寔曰：『南陽忘大恥，而亟欲自尊，必不能成功。晉王近親，且有名德，當帥天下奉之。』寔從之。遣蔡忠奉表詣建康。比至，帝已即位。然寔竟不用江東年號，猶稱建興。

遼西公段疾陸眷卒。

夏四月朔，日食。以王導爲驃騎大將軍，開府儀同三司。五月，段匹磾殺太尉、廣武侯劉琨。

秋七月。

	漢主劉聰卒。太子粲立。八月，靳準弑而代之。石勒引兵討準。冬十月，劉曜自立于赤壁，封勒爲趙公。
成丞相范長生卒。○注：長生博學多能，年近百歲，蜀人奉之如神。	

冬十一月，日夜出，高三丈。○注：前書有：『三日相承東行。』于是又書：『日夜出，高三丈。』日之異，莫甚于此者。

十二月，琅琊王焕卒。○注：焕，鄭夫人之子。時生二年矣。

己卯，二年。○注：舊大國一，成涼小國二，新石趙大國一，凡四僭國。春二月。

二趙		漢將軍喬泰討靳準，斬之。	改號趙光初一年。 趙石勒一年。石勒獻捷于漢，漢斬其使。
五燕			
代			
三秦			
五涼			
成夏			
楊段			

○注：勒遣王修獻捷于漢。漢主曜遣使授勒太宰，進爵趙王，加殊禮。修舍人曹平樂留仕漢，言于曜曰：『勒遣修來，實覘强弱，俟其復命，將襲乘輿。』曜乃追所遣使，斬修于市。勒大怒曰：『孤事劉氏，人臣之職有加矣。彼之基業，皆孤所爲，今既得志，還欲相圖？趙王趙帝，孤自爲之，何待于彼哉。』

三月，合祭天地于南郊。尊琅琊恭王爲皇考。既而罷之。○注：賀循曰：『禮：子不可以已爵加于父。』乃罷。○元帝可謂能從諫矣。

夏，南陽王保自稱晉王。○注：江東正位，晉之社稷有奉矣。而又必稱晉王，是爭也。江東大饑。詔百官言事。

冬十一月。

二趙	石勒稱趙王。是爲後趙。	漢徙都長安，立妃羊氏爲后，子熙爲太子。○注：羊氏即惠帝后也。漢改號趙。	
五燕			
代			
三秦			
五凉			
成夏			
楊段			

十二月。	庚辰，三年。春三月。夏五月，上邽諸將殺晉王保。	
	趙光初三年。後趙二年。	趙立太學。
宇文氏攻慕容廆，廆大敗之，遂取遼東，遣長史裴嶷來獻捷。	以慕容廆爲平州刺史。	
蒲洪降趙。		
	前涼張茂永元一年。	涼州殺其刺史張寔，寔弟茂代領其衆。

	冬十二月，以譙王承爲湘州刺史。○注：承帝之叔父也。	辛巳，四年。春三月，日中有黑子。後趙陷幽、冀，并州。撫軍將軍幽州刺史段匹磾死之。
二趙		趙光初四年。後趙三年。後趙陷幽、冀、并州，段匹磾死之。○注：後趙使石虎攻匹磾于厭次。段文鴦出戰，
五燕		
代		
三秦		
五涼	○注：寔子駿尚幼，茂以駿爲世子。	
成夏		
楊段		

○注：匹磾戕害劉琨，遂至人心不附。迄爲羯賊所虜，若無足取。然磾本夷人，竭誠晉室，死不易守。此亦君子之所嘉者。夏五月，終南山崩。秋七月，以王導爲司空、録尚書事。八月，常山崩。

九月，豫州刺史祖逖卒，以其弟約代之。

力盡被執。罵賊不已。匹磾謂虎曰：『我受晉恩，志在滅汝，不幸至此，不能爲汝敬也。』匹磾不爲勒禮，常著朝服，持晉節。久之，與文鴦俱被殺。

以慕容廆爲車騎將軍、平州牧。遼東公。

代弑其君鬱律，子賀傉嗣。

		壬午，永昌元年。春正月，王敦舉兵反。譙王丞、甘卓移檄討之。敦分兵寇長沙。封子昱爲琅琊王。
二趙		趙光初五。後趙四年。
五燕	○注：詔聽廆承制除官。廆于是置僚屬，立子皝爲世子。	
代	○注：拓拔猗㐌妻惟氏，忌鬱律之强，恐不利其子，乃殺鬱律，而立其子賀傉。鬱律之子什翼犍，幼在襁褓，其母王氏匿于袴中，祝之曰：『天苟存汝，則勿啼。』久之不啼，乃得免。	
三秦		
五涼		
成夏		
楊段		楊難敵爲武都王。

三月，敦據石頭殺驃騎將軍戴淵、尚書僕射周顗。夏四月，敦陷長沙，譙王丞死之。五月，敦殺甘卓。閏十一月，帝崩。司空導受遺詔輔政。太子紹即位。○

注：尊所生母荀氏爲建安君。

肅宗明皇帝。

《綱目》發明，琅琊自督揚州一書，遣紀瞻討石勒而已。長安既陷，然後出師露次，移檄北征，故《綱目》病之。然其即位，止稱晉王，雖中外勸進，弗從也。慭帝遇害，始正帝號，亦庶乎知節者。獨其無志遠略，不能盡祖逖之才，遂使河南終淪左衽，惜哉。

○注：名紹。元帝子。在位三年，壽二十七歲。癸未，太寧元年。春二月，葬建平陵。○注：在上元縣境內。夏四月，敦移屯姑孰，自領楊州牧，以王導爲司徒。○注：敦謀簒位，諷朝廷徵己。帝手詔徵之。敦移鎮姑孰，屯于湖。六月，立皇后庾氏。以庾亮爲中書監。○注：不書后兄亮，賢亮也，與董重楊駿異矣。

秋七月。

二趙	趙光初六。後趙五年。	趙封姚弋仲爲平襄公。
五燕		
代		
三秦		姚弋仲，趙封爲平襄公。
五涼		
成夏		
楊段		

八月，敦表江西都督郗鑒爲尚書令。

申甲，二年。春正月，敦殺其從事周嵩、周筵及會稽内史周札。

趙擊涼州。張茂降趙，封茂爲涼王。趙封故世子胤爲永安王。○注：胤，曜世子。靳準之亂，没于黑匿郁鞠部，禮而歸之。

趙光初七。後趙六年。

張茂，趙封爲涼王。張茂城姑臧。

成主雄立其兄子班爲太子。

	夏五月。		六月，加司徒導大都督、揚州刺史。督諸軍討敦，敦復反。秋七月，至江寧，帝親征，破之。
二趙			
五燕			
代			代王賀傉徙居東木根山。
三秦			
五涼		涼王張茂卒。世子駿嗣。○注：茂疾病，執駿手泣曰：『吾家世以孝友忠順著稱，晉室雖衰，汝奉承之，不可失也。』	
成夏	○注：雄以兄蕩乃先帝之嫡統，有奇材大功而早世，故立其子爲太子。		
楊段			

敦死衆潰，其黨伏誅。

乙酉，三年。春二月，立子衍爲皇太子。

夏五月，以陶侃都督荊湘等州軍事。

趙光初八。後趙七年。

後趙石生寇河南，司州降趙。趙主曜擊生，大敗。司、豫、徐、兗皆陷于後趙。

秋閏七月，帝崩。司徒導、中書令庾亮、尚書令卞壼，受遺詔輔政。太子衍即位。尊皇后爲皇太后。太后臨朝稱制。葬武平陵。○注：在上元縣境内。冬十一月朔，日食。

十二月。

二趙

五燕

代

代王賀傉卒。弟紇那嗣。

三秦

五涼

成夏

段遼弑其君牙而自立。○注：段氏自務勿塵以來，日益强盛，其地西接漁陽，東界遼水，所統胡，晉三萬餘户，控弦四五萬騎。

楊段

末秠卒，子牙代立。至是，疾陸眷之孫遼攻牙，殺而代之。

《綱目》發明，明帝即位三年，自王敦外不過立后、太子及大臣、除卒數事，獨能奮發剛斷，躬殄大憝，可謂明也已矣。

趙光初九。後趙八年。後趙

顯宗成皇帝。○注：名衍，明帝子。在位十七年，壽二十二歲。

丙戌，咸和元年。冬十月，殺南頓王宗。降封西陽王羕爲弋陽縣王。○注：宗，宗室近屬；羕，先帝保傅。

使世子宏守鄴。

	十一月，後趙寇壽春，歷陽内史蘇峻擊走之。	丁亥，二年。夏五月朔，日食。冬，徵蘇峻爲大司農，峻與祖約舉兵反。
二趙	後趙寇壽春。	趙光初十。後趙九年。
五燕		
代		
三秦		
五涼		張駿遣兵攻趙，趙擊敗之。○注：駿聞趙兵爲後趙所敗，乃去趙官爵，復稱晉大將軍。涼州牧攻趙，趙擊敗之，遂失河南之地。
成夏		
楊段		

十二月，峻陷姑孰。詔庾亮督諸軍討之。宣城内史桓彝起兵赴難。

戊子，三年。春正月，温嶠以兵赴難至尋陽。二月，尚書令成陽公卞壼督軍討峻，戰敗，死之。庾亮奔尋陽，峻兵犯闕。三月，皇太后庾氏以憂崩。峻南屯于湖。

趙光初十一年。後趙太和一年。

	葬明穆皇后。夏五月，温嶠以陶侃入討峻，峻遷帝于石頭。郗鑒、王舒來赴難。峻分兵陷宣城。内史桓彝死之。	秋七月。九月，陶侃、温嶠討峻于石頭，斬之。峻弟逸代領其衆。	冬十二月。
二趙		後趙攻壽春，約衆潰，奔歷陽。	後趙王勒大破趙兵于洛陽，
五燕			
代			
三秦			
五涼			
成夏			
楊段			

己丑，四年。○注：是歲趙亡。大一小二，凡三僭國。春正月，冠軍將軍趙胤攻拔歷陽，約奔後趙。二月，諸君討逸，斬之，及西陽王羕。○注：羕，附賊者也。三月，以陶侃爲太尉，郗鑒爲司空，温嶠爲驃騎將軍、開府儀同三司，庾亮爲豫州刺史。

趙光初十二年。後趙太和二年。約奔後趙，趙太子熙奔上邽。後趙取長安。

獲趙主曜以歸，殺之。

夏四月，驃騎將軍温嶠卒。

秋八月。

冬十二月。

庚寅，五年。

二趙		後趙石虎攻拔上邽，殺趙太子熙，取秦隴。		趙建平一年。
五燕				
代			代王紇那出奔宇文部，翳槐立。○注：翳槐，鬱律之子也。	
三秦				
五凉				
成夏				
楊段				

春二月。

趙王勒稱趙天王，以石虎爲太尉，封中山王。○注：立世子弘爲太子，子宏爲大單于，中山公虎爲太尉，進爵爲王。虎怒，私謂其子曰：『大單于當授我，乃與黄吻小兒，令人氣塞。待主上晏駕後，不復留遺種也。』趙誅祖約，夷其族。○注：石勒羯賊而書

	三月，詔太尉侃兼督江州。○注：侃遂移鎮武昌。	夏六月。	秋九月。	辛卯，六年。
二趙	『誅』。祖約，亂臣賊子，人人得而誅之也。	趙以張駿爲涼州牧。○注：駿恥爲之臣，不受。及趙破休屠王羌，駿始懼，乃稱臣入貢。	趙王勒稱皇帝。寇陷襄陽。	二。趙建平
五燕				
代				
三秦				
五涼		張駿爲趙涼州牧。		
成夏				
楊段				

春三月朔，日食。
秋九月。
冬，有事于太廟。
壬辰，七年。春正月。
秋。
癸巳，八年。

營鄴宮。

趙建平三年。趙命太子弘省可尚書奏事。

趙建平四。

慕容廆遣使詣太尉侃。

趙涼州牧張駿立其子重華爲世子。

春，趙遣使來修好，詔焚其幣。○注：江東之政，差强人意，此一舉而已。

夏五月。

秋七月。

八月。

后趙			趙王勒卒。太子弘立。	趙石虎自爲承相、魏王。九月，弑其太后劉氏。
五燕		遼東公慕容廆卒，世子皝嗣。○注：皝生而雄毅，多權略，喜經術，國人稱之。		
代				
三秦				
五凉				
成夏				
楊段				

冬十月。

甲午，九年。春正月，仇池王楊毅遣使來稱藩。

二月，以張駿爲大將軍。

趙河東王石生等舉兵討石虎，不克而死。	趙石弘延熙一。	
慕容皝兄翰奔段氏。弟仁據遼東。		
張駿遣張淳上表建康。		張駿奉詔爲大將軍。○注：自是每歲使者不絕。
	仇池王杨難敵卒，子毅嗣。	段遼遣其弟蘭與慕容翰攻柳城破之。

夏六月，太尉長沙公陶侃卒。以庾亮都督江、荊等州軍事。

秋，以慕容皝爲鎮军大將軍、平州刺史、遼東公。

冬十月。

后趙				
五燕			慕容皝奉詔爲鎮軍大將軍、平州刺史、遼東公。	
代				
三秦				
五涼				
成夏		成主雄卒，太子班立。		成李越弒其君班，而立其弟期。○注：越，雄之子也。
楊段	○注：柳城，慕容地。			

十一月。

趙石虎弒其主弘，自立爲居攝天王。

慕容皝攻遼東，克之。

乙未，咸康元年。春正月朔，帝冠。三月，幸司徒導府。

夏四月，趙王虎南遊，臨江而還。帝親勤兵戒嚴，六日罷。

秋九月。

趙石虎建武一。

趙王虎南遊臨江而還。

趙遷都鄴。

成李期玉恒一。

成殺其故主班母羅氏。

	冬十月朔，日食。建安君荀氏卒。○注：荀氏，明帝母也。	丙申，二年。春正月，彗星見奎婁。	二月，立皇后杜氏。○注：后，預孫女也。	丁酉，三年。春正月，立太學。
后趙		趙建武二。	趙作太武殿于襄國。東西宮于鄴。	趙建武三。趙王虎稱趙天王。
五燕		慕容皝討其弟仁，殺之。		
代	代王紇那復入，翳槐奔趙。			
三秦	張駿遣使上疏，請北伐。			
五涼				
成夏				
楊段				

秋七月。	戊戌，四年。○注：舊大國一，漢、涼小國二，新小國一，凡四僭國。春。
趙王虎殺其太子邃，更立子宣爲太子。	趙建武四年。
慕容皝自稱燕王。燕稱藩于趙。○注：皝欲伐段氏。以其數侵趙邊，乃遣使稱藩于趙，乞師伐遼。趙王大悅，期以明年。	
趙納代王翳槐于代，紇那奔燕。	代什翼犍建國一年。
	成改號漢。李壽漢興一年。
楊初殺楊毅，自稱仇池公，附于趙。	趙燕合兵攻段氏，破之。

		夏四月。	五月，以司徒導爲太傅，都督中外諸軍事。郗鑒爲太尉，庾亮爲司空。六月，更以導爲丞相，罷司徒官。
后趙			
五燕			趙王虎擊燕，不克。慕容恪追擊，大敗之。
代			
三秦			
五涼			
漢夏		成李壽弑其主期而自立，改國號漢。	
楊段	段遼奔密雲山，慕容翰奔宇文部。		

冬十月。

十二月。

趙遣兵迎段遼，燕慕容恪擊敗之，以遼歸。

代王翳槐卒，弟什翼犍嗣。○注：代自猗盧卒後，國多内難，部落解散。什翼犍雄勇有智略，能修祖業，始置百官，分掌衆務，于是東自濊貊，西及破落那，南距陰山，北盡沙漠，率皆歸服，衆至數十萬人。

己亥，五年。春三月。秋七月，丞相始興公王導卒。以何充爲護軍將軍，庾冰爲中書監、揚州刺史，參録尚書事。八月，太尉南昌公郗鑒卒。以蔡謨都督徐兗軍事。

冬。

后趙		趙建武五年。	
五燕	殺之。		燕王皝遣長史劉翔來獻捷。
代		代什翼犍求昏于燕。	
三秦			
五涼			張駿立明堂、辟雍。
漢夏			
楊段			

庚子，六年。春正月，司空庾亮卒。以何充爲中書令，庾翼都督江、荊等州軍事。○注：異，亮之弟也。有星孛于太微。

三月。

秋。

趙建武六年。		
慕容翰自宇文部歸于燕。		
	代始都雲中。	
		漢大閱于成都。○注：欲與趙寇晉，

冬。

辛丑，七年。

春正月。二月朔，日食。封慕容皝爲燕王。三月，皇后杜氏崩。夏四月，葬恭皇后。

秋。

后趙		趙命其太子宣及弟韜選省尚書奏事。	趙建武七年。		
五燕			燕築龍城。	慕容皝奉詔爲燕王。	皝以慕容恪鎮平郭。
代					代築盛樂城。
三秦					
五涼					
漢夏	因襲壯諫而止。				漢殺其僕射蔡興、李嶷。
楊段					

壬寅，八年。春正月朔，日食。夏六月，帝崩。琅邪王岳即位。○注：帝冲幼嗣位，既長，頗有勤儉之意。至是不豫，二子丕、奕俱在繈褓，庾冰請以母弟琅邪王岳爲嗣，帝許之。封成帝子丕爲琅邪王，奕爲東海王。秋七月，葬興平陵。以何充都督徐州軍事。

趙建武八年。

	冬十月。	十一月。	十二月，立皇后褚氏。○注：褚裒之女也。	康皇帝。○注：名岳，成帝弟，在位二年，壽二十二歲。癸卯，建元元年。
后趙			趙作長安、洛陽二宮。	趙建武九年。
五燕	燕遷都龍城。	燕王皝擊高句麗，入九都，載其王釗火①屍及母以歸。		
代				
三秦				
五涼				
漢夏				
楊段				

①『火』當作『父』。

春二月。

秋七月，詔議經略中原。○注：揭而書之，所以尊中國、存正統也。庾翼表遣桓宣伐趙。詔庾翼都督征討軍事，庾冰都督荊江軍事，徵何充爲揚州刺史，録尚書事。

高句麗王劍朝貢于燕。

漢主壽卒。其子勢嗣。

甲辰，二年。

趙建武十年。

漢主李勢大和一年。

	春正月，熒惑守房心。秋九月，立子聃爲皇太子。帝崩，太子聃即位，尊皇后曰皇太后。太后臨朝稱制。冬十月，葬崇平陵。○注：上元縣境內。荊江都督庾冰卒。
后趙	趙大閱罷兵。殺其中書監王波。
五燕	燕主皝擊滅宇文部，逸豆歸走死，皝還殺其兄翰。
代	
三秦	
五涼	
漢夏	
楊段	

孝宗穆皇帝。○注：名聃，康帝子，在位十七年，壽十九歲。乙巳，永和元年。○注：舊大國一，漢涼代小國三，新小國一，凡五僭國。春正月，以會稽王昱爲撫軍大將軍，録尚書六條事。

秋七月，江州都督庾翼卒。以桓温都督荆、梁等州軍事。

冬十二月。

趙建武十一年。		趙以姚弋仲爲冠軍大將軍。
燕王皝十二年。二龍見于燕之龍山。○注：自是始不用晉年號，自稱十二年。		
		張駿自稱涼王。
	漢主勢殺其弟廣。	

丙午，二年。春正月，揚州刺史何充卒。以殷浩爲揚州刺史。夏四月朔，日食。

五月。

后趙	趙建武十二年。	
五燕		
代		
三秦		
五涼	前涼張重華永樂一年。	涼王張駿卒，世子重華嗣。趙來攻，重華遣兵逆戰，大破之。
漢夏	漢嘉寧一年。	
楊段		

冬十一月，桓溫帥師伐漢。

丁未，三年。○注：是歲漢亡。大一小三，凡四僭國。

春三月，桓溫敗。漢兵于笮橋進至成都。漢主勢降，詔以爲歸義侯。

夏四月。

冬十月，以張重華爲涼州刺史、西平公。

	趙建武十三年。			
			趙來攻，重華遣兵擊破之。	張重華奉詔爲西平公。

	后趙	五燕	代	三秦	五涼	夏	楊段
楊初遣使稱藩。詔以初爲雍州刺史、仇池公。							楊初奉詔爲仇池公。
戊申，四年。秋八月，加桓溫征西大將軍。	趙建武十四年。趙太子宣殺其弟韜，伏誅。						
九月。	趙立子世爲太子。	燕王皝卒。世子儁嗣。					
己酉，五年。	趙太寧一年石鑒青龍一年。	燕慕容儁一年。					

春正月。

夏四月，蒲洪來降。

秋九月。

冬十一月。

趙王虎稱皇帝。	趙王虎卒。太子世嗣。其兄遵弑之，及其太后劉氏而自立。		石鑒弑其主遵而自立。○注：考《綱目》分注『石遵之死，實石閔殺之。乃歸獄于石鑒者，誅首惡也。』
	燕以慕容恪爲輔國將軍。		
	蒲洪遣使來降。		秦雍流民立蒲洪爲王。
		張重華自稱涼王。	

	十二月，徐兗都督褚裒卒，以荀羨監徐兗軍事。	庚戌，六年。○注：舊大國一，涼、代、燕小國三，新大國一。凡五僭國。春閏正月，以殷浩爲督揚、豫等州軍事。蒲洪爲征北大將軍，督河北諸軍事。
趙魏	趙石閔幽其主鑒，殺口羯二十萬人。	趙石祇永寧二年。魏冉閔永興一年。趙石閔弒鑒而自立。改國號魏。○注：天道好生而惡殺，羯縱暴，戕刈晉民，不啻草菅。
五燕	燕遣使如涼州。○注：約張重華共擊趙也。	
代		
三秦		
五涼		蒲洪自稱三秦王，改姓苻。
夏		
楊段		

二月。

今焉元惡既斃，假手石閔，殘戮其種。雖未足以償晉人受禍之慘，然亦足以見天道好還之意矣。○閔本冉姓，内黄人，乃晉之故民，初非羯賊之種，故天假手誅之。	魏王 閔復姓冉氏。趙石祗稱帝于襄國。○注：以姚弋仲爲右丞相，弋仲子襄爲驃騎將軍，又以苻健爲鎮南大將軍。
	燕王 儁擊趙，拔薊城，遂徙都之。
	故趙 將麻秋殺苻洪，洪子健斬秋，遣使請命。○注：洪卒，子健代領其衆，乃去王號，稱晉官爵，告喪請命。

		夏五月。	秋九月。	冬十一月。
趙魏	○祇，鎮襄國之新興王也。魏殺其太宰李農。	魏主閔徵故散騎常侍辛謐爲太常，謐不食而卒。		
五燕			燕徇冀州，取章武、河間。	
代				
三秦		杜洪據長安。自稱晉征北將軍。苻健擊敗之。		苻健入長安，
五涼				
夏				
楊段				

辛亥，七年。○注：是歲趙亡。舊大國一，涼、代、燕小國三，新大國一，凡五僭國。春正月，日食。鮮卑段龕以青州來降。

二月。

趙永寧二年。魏永興二年。

魏王閔圍趙王祗于

遣使獻捷。

前秦苻健皇始一年。苻健自稱秦天王。

鮮卑段龕以青州降。○注：初，段蘭死于令支，龕領其衆因石氏之亂，南徙廣固。至是來降，以爲鎮北將軍，封齊公。

		夏四月。	秋八月，魏徐、兗、荆豫、洛州來降。姚弋仲遣使來降。冬十二月，桓温移軍武昌，尋復還鎮。○注：温跋扈不臣，已書帥師伐漢。此又移軍，尋複其專輒自如，罪不可掩矣。
魏	襄國，姚弋仲及燕王儁遣兵救之，魏主閔敗績。	趙將劉顯弑其主祇而自立。○注：趙亡。	
五燕			燕慕容恪取中山。
代			
三秦			姚弋仲遣使來降。
五涼			
夏			
楊段			

壬子，八年。○注：是歲魏亡。大二，小二，凡四僭國。春正月朔，日食。趙汝陰王琨來奔，斬之。○注：石氏遂絶。殷浩使謝尚、荀羨進屯壽春。張遇據許昌，叛降于秦。○注：張遇，魏之豫州牧也。初以州來降，至是叛者，浩激之也。

魏永興三年。魏克襄國，殺劉顯，還其民于鄴。

前燕慕容儁元璽一年。

前秦皇始二年。秦王健稱皇帝。○注：健以單于統壹百蠻，非天子所宜領，以授太子萇。杜洪司馬張琚殺洪，自稱秦王。秦主健擊琚，斬之。

	三月，姚襄率衆來歸。詔屯譙城。	夏四月。六月，謝尚得傳國璽來獻。謝尚攻張遇于許昌，秦人救之，尚敗績。殷浩退屯壽春。
魏		
五燕		燕慕容恪擊魏，執其主閔以歸，殺之。魏亡
代		
三秦	姚弋仲卒。子襄率衆歸晉。○注：弋仲有子四十二人。及病，謂諸子曰：『中原無主。我死，汝亟自歸晉，執臣節，無爲不義也。』至是，襄歸晉。	
五凉		
夏		
楊段		

秋八月。九月，殷浩進屯泗口。○注：王羲之切諫，不聽。罷遣太學生徒。○注：浩以軍興，罷遣太學生徒，學校由此廢。

冬十一月。

癸丑，九年。

燕慕容評攻鄴，克之。遂留守鄴。

燕王儁稱皇帝。○注：改號元璽。

燕元璽二年。

秦皇始三年。

夏五月，張重華攻秦上邽，拔之。詔：進重華涼州牧。

秋七月，殷浩遣兵襲姚襄，不克。冬十月，遂率諸軍北伐，襄邀敗之，浩走譙城。○注：襄初率衆來歸，未聞有反側之意。浩乃無故襲之，是驅之使叛也。

冬十一月。

五燕			
代			
三秦		秦殺其司空張遇。○注：張遇據許昌叛，降于秦，秦以爲司空。	
五涼	張重華奉詔爲涼州牧。		西平公張重華卒，子曜靈嗣。
夏			
楊段			

	甲寅，十年。春正月，殷浩以罪免爲庶人，徙信安。以王述爲揚州刺史。二月，桓温帥師伐秦。夏四月，桓温大敗秦兵于藍田，進軍灞上，三輔皆降。		
	前燕元璽三年。		燕以慕容恪爲大司馬。
	前秦皇始四年。	姚襄叛降于燕。	
涼州廢其主曜靈，立張祚爲涼公。	涼王張祚和平一年。張祚自稱涼王。		

五月，江西流民叛，降姚襄。詔屯兵中堂，謝尚入衛。

乙卯，十有一年。

夏。

六月。

五燕

前燕元璽四年。

代

三秦

秦東海王苻雄卒，子苻堅襲爵。

秦主苻生壽光一年。秦立子生爲太子。姚襄據許昌。

秦主健卒，太子生嗣。

五涼

涼王張玄靚太始一年。

夏

楊段

秋九月。

閏九月。

秦殺其后梁氏及太傅毛貴等。○注：殺人以應災，愚而忍矣。

涼州弑其君祚，立張玄靚爲涼王。○注：張祚淫虐，河州刺史張瓘欲廢祚，復立曜靈。將軍宋琨合衆應之。祚殺曜靈，琨進軍姑臧，長史趙長等懼，立曜靈弟玄靚。諸將攻趙長等，及祚殺之。琨與瓘弟琚

	冬十一月。		十二月。	丙辰，十有二年。
五燕				前燕元璽五年。
代				
三秦			秦殺其丞相雷弱兒。	前秦壽光二年。
五凉	上玄靚爲大將軍，西平公，復称建興四十三年。瓘至，推爲凉王，改號太始，自爲都督中外諸軍事，以琨爲尚書僕射。			
夏				
楊段		燕慕容恪擊段龕。		

春正月，以桓温爲征討大都督，督諸軍討姚襄。

夏四月。

秋八月，桓温敗姚襄于伊水，遂入洛陽，修謁諸陵，置戍而還。冬十月朔，日食。

十一月，遣司空車灌如洛陽，修五陵。○注：詔遣灌等持節臨洛陽，修五陵，帝及群臣皆服緦，臨太極殿三日。

段龕降燕，慕容恪悉定齊地。○注：初鮮卑段蘭死于令支，龕領其衆，因石氏

秦殺其司空王墮。

秦太后彊氏以憂卒。

桓温討姚襄，大敗之，姚襄北走，據襄陵。

涼州遣使稱藩于秦。

燕慕容恪大破段龕，進圍廣固。

		丁巳，升平元年。春正月朔，帝冠，太后歸政，徙居崇德宮。二月，太白入東井。 夏四月。	
五燕	之亂，南徙廣固，嗣以青州降晉。詔以爲鎮北將軍，封齊公。至是，慕容恪大破龕兵，進圍廣固，龕降恪，悉定齊地，龕竟爲儁所殺。	前燕光壽一年。	
代			
三秦		前秦苻堅永興一年。	姚襄據黃落，秦遺兵
五涼			
夏			
楊段			

六月。

秋八月，立皇后何氏。○注：故散騎侍郎何準之女。

冬十一月，以王彪之爲左僕射。

		燕徙都鄴。燕作銅雀臺。
擊斬之，弟萇以衆降秦。	秦苻堅弒其君生，自立爲天王。○注：堅去帝號，稱大秦天王。	秦王堅殺其兄東海公法。堅以王猛爲尚書左丞。

	戊午，二年。冬，以郗曇督徐兖軍事。	己未，三年。春二月，泰山太守諸葛攸伐燕，敗績。冬。
五燕	前燕光壽二年。燕陷河南，燕使慕容垂守遼東。○注：垂，皝之第五子也。初名霸，更名垂，娶段末柸女，生子令寶。	燕光壽三年。
代		
三秦	前秦永興二年。	前秦甘露一年。秦以王猛爲京兆尹。
五涼		涼宋琨誅張瓘。
夏		
楊段		

十月，謝萬、郗曇復伐燕。曇病引還，萬衆潰，免爲庶人。

冬十二月。

庚申，四年。春正月。

前燕主暐建熙一年。燕主儁卒。

秦以王猛兼司隸校尉。

前秦甘露二年。

○注：琨性忠鯁，瓘憚之，欲殺琨。因廢玄靚而代之。琨帥壯士宣告諸營曰：『張瓘謀逆，太后令誅之。』瓘與弟琚皆自殺。琨輔政，請玄靚去王號，復稱涼州牧。

二月。

三月。秋八月朔，日食既，桓温以謝安爲征西司馬。○注：安，少有重名，前後徵辟皆不就，寓居會稽，以山水文籍自娛。雖爲布衣，人皆以公輔期之。士大夫至相謂曰：『安石不出，當如蒼生何？』

五燕

太子暐嗣。○注：暐，年十一歲。

燕以慕容恪爲太宰，專録朝政。太師慕輿根伏誅。

燕遣慕容垂守蠡台。

代

三秦

匈奴劉衛辰降秦。

五凉

夏

楊段

冬十月。

烏桓獨孤部、鮮卑没奕干降秦。

○注：獨孤部及没奕干各率衆數萬降秦。堅處之塞内，因楊平公融諫，乃徙之塞外。

辛酉，五年。

春正月。

夏四月。

前燕建熙二年。

劉衛辰叛秦降代。

前秦甘露三年。

涼宋琨卒。

五月，帝崩，琅邪王丕即位。○注：帝崩，無嗣。太后令曰：『琅邪王丕，中興正統，義望情地，莫與爲比，其以王奉大統！』于是百官備法駕，迎入，即位。秋七月，葬永平陵。○注：上元縣境内。

九月，立皇后王氏。○注：后濛之女也。尊何皇后爲穆皇后。

五燕		
代		
三秦		
五涼		涼張邕殺宋澄。張天錫誅之。詔以張玄靚爲涼州刺史、西平公。○注：澄，宋混之弟。天錫，玄靚之叔父也。
夏		
楊段		

邕既殺澄，天錫殺邕，滅其族。玄靚以天錫爲大將軍輔政。始奉升平年號，故有是命。

哀皇帝，○注：名丕，成帝子，在位四年，壽二十五歲。

壬戌，隆和元年。春二月，拜母貴人周氏爲皇太妃。

秋七月。

冬十二月朔，日食。

前燕建熙三年。

前秦甘露四年。

秦王堅臨太學。

	癸亥		甲子
	癸亥，興寧元年。春三月，皇太妃周氏薨。夏五月，加桓温大司馬、都督中外諸軍，録尚書事。	秋八月，有星孛于角亢。	甲子，二年。
五燕	前燕建熙四年。		前燕建熙五年。
代			
三秦	前秦甘露五年。		前秦甘露六年。
五涼		涼張天錫弑其君玄靚而自立。	涼西平公張天錫一年。
夏			
楊段			

春二月。三月，帝寢疾。皇太后臨朝攝政。

夏四月。五月，以王述爲尚書令。加大司馬温揚州牧。

六月。

秋七月，大司馬温城赭圻。○注：詔征温入朝，温至赭圻，

燕慕容評略地河南。	燕陷許昌、汝南、陳郡。		燕徙其宗廟、
		秦以張天錫爲西平公。	秦苻騰謀反，

	詔止之。温遂城居之，固辭内録，遥領揚州牧。	乙丑，三年。春正月，皇后王氏崩。大司馬温移鎮姑孰，以弟豁監荆、揚等州軍事。三月，帝崩，琅邪王奕即位。○注：帝崩無嗣，皇太后詔，以奕承大統。葬安平陵○注：上元縣境内。
五燕	百官于鄴。陷河南諸城。	前燕建熙六年。燕以陽鶩爲太尉。
代		劉衛辰復叛代，代王什翼犍擊走之。
三秦	伏誅。○注：騰，苻生之弟也。	前秦建元一年。
五涼		
夏		
楊段		

秋七月，更立會稽王昱爲瑯邪王，固讓不受。

立皇后庾氏。○注：后，冰之女也。冬十一月，以王彪之爲僕射。

帝奕。○注：成帝子，此海西公也。何以書帝奕，不予桓温之廢也，曷爲名之。孝武即位十四年，而後海西公以薨，書既無謚，故稱名。此《綱目》之變例也。以爲失國名之則過矣。

丙寅，太和元年。

前燕建熙七年。

匈奴曹轂、劉衛辰叛秦，秦擊降之。

前秦建元二年。

	夏五月，皇后庾氏崩。	秋七月，葬孝皇后。	冬十月，以會稽王昱爲丞相，録尚書事，加殊禮。	丁卯，二年。春二月。
五燕			燕寇兗州，陷魯高平數郡。	前燕建熙八年。燕太宰慕容恪卒。
代	代王什翼犍遣使入貢于秦。			
三秦		秦寇荊州，掠萬餘户而還。		前秦建元三年。
五涼				
夏				
楊段				

秋九月，以郗愔都督徐兗等州軍事。

冬十月。

戊辰，三年。春二月。

○注：恪卒而闕國者至矣。《綱目》卒僭國臣二十一，于恪尤深惜之。		前燕建熙九年。燕以慕容沖爲大司馬。
	代王什翼犍擊匈奴，劉衛辰走之。	
		前秦建元四年。秦苻庾以陝城降燕。

	三月朔，日食。冬十二月，加大司馬温殊禮。〇注：位在諸侯王上。	己巳，四年。夏四月，大司馬帥師伐燕，秦人救之。秋九月，温及燕人戰于枋頭，不利而還。袁真以壽春叛，降于燕。
五燕		前燕建熙十年。
代		
三秦	秦拔陝城，斬苻庾。秦以仇池公楊世爲秦州刺史。	前秦建元五年。
五涼		
夏		
楊段		

冬十一月。十二月，大司馬温徙鎮廣陵。

燕慕容垂出奔秦，秦以爲冠軍將軍。○注：垂天資英傑，智略超世，能任大事，慕容恪甚器重之，嘗以語評會是。垂自襄邑還鄴，威名大震，評愈忌之。太后可足渾氏素惡垂，與評謀誅之，垂覺奔秦。

秦遣王猛等伐燕，取洛陽。

庚午，五年。○注：是歲，前燕亡。大一，小二，凡三僭國。春正月。二月，袁真死，子瑾代領其衆。燕、秦皆遣兵助之。夏四月，大司馬温遣兵擊破之。

秋七月朔，日食。八月，大司馬温敗袁瑾于壽春，遂圍之。

五燕	前燕建熙十一年。燕慕容臧將兵拒秦師，秦王猛擊走之。
代	
三秦	前秦建元六年。秦克壺關。
五凉	
夏	
楊段	

九月。	冬十一月。	十二月。
	燕主暐被秦王堅入鄴，執之。○注：前燕亡。	燕王暐秦遷之于長安。○注：以暐爲新興候。
秦王猛入晉陽，及燕慕容評戰于潞川，敗之，逐圍鄴。	秦王堅入鄴執燕主暐，以王猛爲冀州牧，都督關東六州軍事。	秦遷故燕主暐及鮮卑四萬户于長安。

辛未，六年。○注：太宗簡文皇帝昱，咸安元年。謹按：是歲實帝奕六年也。十一月，桓温構誣辭廢帝，立會稽王昱，是爲簡文帝。今諸本于歲首，即去太和之年，大書簡文之號。則是于帝奕在位之日，已追廢之矣，且以遂桓温之非，傷人倫之教，豈立言之本意哉。

春正月，大司馬温拔壽春，獲袁瑾，斬之。

五燕		
代		代世子寔卒。
三秦	前秦建元七年。	秦徙關東豪傑及雜夷十五萬户于關中。吐谷渾來入貢。
五涼		涼州張天錫稱藩于秦。
夏		
楊段		

冬十月。十一月，大司馬温入朝，廢帝爲東海王，迎會稽王昱入即位。○注：桓温久蓄異志，但帝素無過，難以起釁。一日三軍郗超夜就温宿，謂曰：『明公不爲伊、霍之舉，無以立大威權，鎮壓四海。』温遂與定議。以帝素謹無過，而床第易誣，乃揚言帝早有痿疾，嬖人朱靈寶等參侍内寢，三美人生三男，將移皇基，人莫能審其虚實。温乃詣建康，諷褚太后，請廢帝，而立會稽王昱温仍請還鎮姑孰。

伐仇池，執楊纂以歸。

秦王堅如鄴。

	十二月，降封東海王爲海西縣公。	壬申，簡文皇帝，咸安二年。○注：名昱，元帝少子，在位二年，壽五十二歲。夏四月，遷海西公于吳縣。	六月。
五燕			
代			
三秦		前秦建元八年。	秦以王猛爲丞相，苻融爲冀州牧。
五涼			
夏			
楊段			

秋七月，詔立皇子昌明爲皇太子。帝崩，太子昌明即位。○注：帝遺詔，國家事，一稟大司馬温。是日，帝崩。群臣曰：『當須大司馬處分。』王彪之正色曰：『天子崩，太子代立，大司馬何容得異！』太子即位，太后欲令温居攝。王彪之曰：『此異常大事，大司馬必當固讓。』事遂不行。温望簡文臨終禪位，不爾便當居攝。至是，大不副所望矣。疑王坦之、謝安所爲，心銜之。

八月。

秦加王猛都督中外諸軍事。

冬十月，葬昌平陵。○注：上元縣境内。

孝武皇帝，○注：名昌明，簡文帝子，在位二十四年，壽三十五歲。

癸酉，寧康元年。春二月，大司馬温來朝。○注：但書來朝，初無異詞。而當日都下恟恟。或言：欲誅王謝因移晉祚，其兇威虐燄，爲何如耶吁，可畏也哉。

前秦建元九年。

五燕

代

三秦

五凉

夏

楊段

秋七月，大司馬温卒。以桓冲都督揚豫江州軍事。〇注：冲，温之弟也。温以世子熙才弱，使冲領其衆。温卒，熙及弟濟謀殺冲，冲徙之長沙，稱温遺命以少子玄爲嗣，時方五歲，襲封南郡公。皇太后臨朝攝政，以王彪之爲尚書令，謝安爲僕射。

冬，以王垣之为中书令，领丹阳尹。彗星见。

甲戌，二年。

秦寇梁益，陷之。

前秦建元十年。

御批

王猛之事秦，竭忠盡智，至于臨没之時，猶惓惓以善作善，成望秦王，追蹤前聖。宜其主眷優隆，爲人臣之所當勉也。

春二月，以王坦之都督徐兖等州軍事，詔謝安總中書。	乙亥，三年。夏五月，以桓冲爲徐州刺史，謝安領揚州刺史。徐兖都督王坦之卒。	秋七月。
五燕		
代		
三秦	前秦建元十一年。	秦丞相、清河侯王猛卒。
五涼		
夏		
楊段		

八月，立皇后王氏。○注：后，濛之孫也。

冬十月朔，日食。

丙子，太元元年。○注：是歲，涼代皆亡，凡僭国一。春正月朔，帝冠，太后歸政。以謝安爲中書監，録尚書事。

秋七月。

秦置聽訟觀，遣太子入學，禁老莊、圖讖之學。

前秦建元十二年。

秦擊涼州，掌據死之，張天錫降。

涼張天錫降秦。○注：涼亡。

	冬十一月朔，日食。 十二月。	
五燕		
代		代寔君弒其君什翼犍，秦討殺之，遂分代爲二部。○注：代亡。初，什翼犍世子寔早卒，寔子珪尚幼，慕容妃諸子皆長，繼嗣未定。庶長子寔君遂殺諸弟，并殺什翼犍。珪母賀氏以珪走，依賀訥。秦問代亂故。
三秦	秦擊代，敗之。	
五涼		
夏		
楊段		

	丁丑，二年。春，以朱序爲梁州刺史鎮襄陽。
代長史燕鳳具以對。秦乃趨雲中執寔君于長安，車裂之。遂分代爲二部，自河以東屬南部劉庫仁，河以西屬劉衛辰。賀氏以珪依庫仁，庫仁奉事拓跋珪，恩勤周備，不以廢興易志。	
	前秦建元十三年。高句麗、新羅、西南夷皆遣使朝貢于秦。

	秋七月，以謝安都督揚豫等州軍事。冬十月，以桓冲都督江荆等州軍事，謝玄監江北軍事。散騎常侍王彪之卒。	戊寅，三年。春二月，作新宫。
五燕		
代		
三秦		前秦建元十四年。秦寇涼州，復陷南陽。
五涼		
夏		
楊段		

秋七月，新宮成。

己卯，四年。春二月。

夏四月。

五月。

秦分道寇盱眙、彭城、魏興。	前秦建元十五年。秦陷襄陽，執朱序以歸。陷彭城、淮陰。	秦陷魏興，吉挹死之。	秦陷盱眙，進圍三阿，

		庚辰，五年。夏四月，以謝安爲衛將軍，與桓沖并開府儀同三司。	六月。
五燕			
代			
三秦	謝玄連戰，敗走之。	前秦建元十六年。	秦以苻融爲中書監、都督諸軍、録尚書事，苻丕爲冀州牧，苻暉
五涼			
夏			
楊段			

秋九月，皇后王氏崩。冬十一月，葬定皇后。

辛巳，六年。春正月，立佛精舍于殿内。二月。夏六月朔，日食。冬十一月，秦寇竟陵。桓冲擊破之，遂拔管城，獲其將閻振、吴仲。

爲豫州牧。

前秦建元十七年。

東夷西域六十二國，朝貢于秦。

壬午，七年。春三月。

秋九月，桓沖遣兵伐襄陽。

冬十月。

五燕	
代	
三秦	前秦建元十八年。秦徙鄴銅駝馬、飛廉、翁仲于長安。以苻融爲征南大將軍。 秦會羣臣于太極殿。
五涼	
夏	
楊段	

癸未，八年。夏五月，桓沖帥師伐秦，拔築陽。

秋八月，秦王堅大舉入寇，詔征討都督謝石、冠軍將軍謝玄等帥師拒之。

○注：議伐晉也。權翼、石越、苻融及所幸張夫人幼子詵，俱以晉爲不可伐，不從。慕容垂獨言于堅曰：『謀夫孔多，是用不集，陛下斷自聖心足矣。』堅大悦。

前秦建元十九年。

秦王堅大舉入寇。

以琅邪王道子録尚書六條事。

冬十一月，謝石、謝玄等大破秦兵于肥水，殺其大將苻融，秦王堅走還長安。以謝石爲尚書令，進謝玄號前將軍，固讓不受。

五燕

代

三秦

秦兵大敗，苻融被殺，堅還走長安。秦吕光攻龜兹。秦將軍乞伏國仁叛，據隴右。〇注：國仁本隴西鮮卑，居勇士川，爲秦前將軍。

五凉

夏

楊段

甲申，九年。○注：舊大国一，新大国二，凡三僭国。	
後燕慕容垂一年。	
前秦建元二十年。後秦姚萇白雀一年。	從秦王堅入寇，叔父步穨聞秦師敗，率隴西叛之。秦使國仁討之。國仁遂與步穨合據隴右。丁零翟斌起兵攻洛陽，秦使慕容垂討之，垂叛，秦與斌合。

春正月，遣將軍劉牢之伐秦，拔譙城。桓沖伐秦，拔魏興、上庸、新城。

二月，荊江都督桓沖卒。

三月，以謝安爲太保。

	正月	二月	三月
五燕	慕容垂自稱燕王，大破秦兵，斬其將石越。	燕王垂圍鄴。	燕慕容泓起兵華陰，慕容冲起兵平陽。遣苻叡擊泓，敗死。遣竇衝擊慕容冲，破之，冲奔華陰。
代			
三秦			
五涼			
夏			
楊段			

夏四月。

泓進逼長安。○注：泓儁子

秦苻叡、司馬姚萇起兵北地，自稱秦王。○注：是爲後秦。燕北地長史慕容泓聞燕王垂攻鄴，亦起兵華陰，其弟冲起兵平陽。秦遣苻叡擊泓，姚萇佐之。叡不聽萇之諫，輕敵敗死。萇方恐懼，遣使請罪，秦王堅怒而殺其使。是驅之使亂也。

六月，崇德太后褚氏崩。

五燕

燕諸將殺慕容泓，立沖爲皇太弟。○注：慕容垂因苻堅之敗而復國，泓及弟沖亦皆起兵，諸將殺泓，立沖爲皇太弟焉。有殺其兄而弟爲太弟者乎？是時，沖能率衆聽命于垂，共成燕業可也。何必自立西燕之號，紛紜篡弑，卒滅于垂。是以非禮之號，未有能傳世者矣。

代

三秦

故姚萇起兵稱王。

五涼

夏

楊段

秋七月，葬康獻皇后。

八月，遣都督謝玄率師伐秦，取河南。加太保安都督十五州諸軍事、假黃鉞。

冬十月朔，日食。謝玄遣兵攻秦，青州降之。

慕容沖大破秦兵，遂據阿房城。

燕殺丁零翟斌。

燕王垂解鄴圍。○注：開秦苻丕西歸之路也。慕容沖進逼長安。

燕慕輿文殺劉庫仁，

秦呂光大破龜兹，入據其城。

加謝玄都督七州軍事。

十二月。

乙酉，十年。○注：舊大國三，新大國一，小國一，凡五僭國。

春正月。

夏四月，太保安出鎮廣陵。

五燕			後燕垂二年。西燕冲更始一年。燕慕容冲稱帝于阿房。○注：是爲西燕。	劉牢之進兵至鄴，燕王垂逆戰，
代	其弟頭眷代領其衆。			
三秦		秦殺其新興侯慕容暐。	秦苻丕大安一年。後秦白雀二年。西秦乞伏國仁建義一年。	
五凉				
夏				
楊段				

五月。

秋七月，秦太子宏來奔，處之江州。

敗走中山。	西燕攻長安，秦王堅出奔五將山。六月，冲入長安。	
	西燕攻長安，堅出奔五將山，六月，太子宏奔下辨，西燕主冲入長安。	後秦王萇圍五將山，執秦王堅以歸秦。太子宏奔晉。

八月，太保、建昌公謝安卒。○注：謚文靖。以琅邪王道子領揚州刺史，録尚書、都督中外諸軍事。

九月。

	八月	九月
五燕		
代	代南部劉顯弒其君頭眷而自立。○注：顯，南部劉庫仁之子也。既殺頭眷又欲殺拓跋珪，珪奔依其舅賀訥。	
三秦	後秦王萇弒秦王堅，秦苻丕稱帝于晉陽。○注：長樂公丕，堅之庶長子，聞堅死，乃發喪即位。	秦呂光還，自龜茲擊涼州，殺其州刺史梁熙而代之。乞伏國仁自稱單于。
五涼		呂光自龜茲還，殺涼州刺史梁熙而代之。
夏		
楊段		

冬十二月。

丙戌，十有一年。○注：舊大國四，西秦小國一，新大國一，小國一，凡七僭國。

春正月。

燕定都中山。

後燕建興一年。西燕慕容永中興一年。後燕王垂稱皇帝。丁零翟遼據黎陽。○注：燕殺翟斌，翟遼奔黎陽，殺其太守而據之。

代改魏拓跋珪登國一年。拓跋珪復立爲代王。○注：珪從曾祖紇羅與諸部大人，共請賀訥推珪爲主，即代王位。

○注：秦封爲苑川王，是爲西秦。

秦苻登太初一年。後秦建初一年。

前涼張大豫鳳凰一年。後涼呂光天安一年。

	二月。	三月。
五燕	西燕弑其主冲，立段隨爲燕王。○注：隨，冲之將也。	西燕人殺段隨而東，至聞喜，立慕容忠復稱帝。○注：燕慕容恒、慕容永殺段隨，立宜都王子顗。恒弟韜殺顗立冲之子瑶，永又殺之。
代	代徙都盛樂。○注：珪徙都定襄之盛樂，務農息民，國人悦之。	
三秦		
五涼	張大豫起兵攻姑臧。○注：初，張天錫之南奔也，秦長水校尉王穆匿其世子大豫，與奔河西。至是，魏安人焦松，聚兵迎大豫爲主，進逼姑臧。	
夏		
楊段		

夏四月。

六月，以楊亮爲雍州刺史，鎮衛山陵。荆州刺史桓石民取宏農，初置湖、陝二戍。

乃立宏之子忠爲帝。忠以永爲丞相。永，廆弟之孫也。		西燕弑其主忠，立慕容永爲河東王。○注：西燕既弑冲而立隨，又殺隨而立忠。未幾，忠又見弑而永立矣。半年之間四易其主，
	代改稱魏。	
	後秦王萇取長安，稱皇帝。	

		秋八月。	冬十月，西燕擊秦，敗之，秦主丕奔東垣，將軍馮該擊殺之。海西公奕薨于吴。	十一月。	十二月。
五燕	醜類相殘如此。		西燕慕容永稱帝于長子。		
代					
三秦		秦以苻登爲南安王。○注：登，秦王疎屬。	秦主丕被殺。	秦苻登稱帝于南安。○注：聞丕死，乃即帝位。	
五涼					呂光自稱酒泉公。○注：光得秦主堅凶問，舉軍縞素，自是，稱涼州牧、酒泉公。
夏					
楊段					

丁亥，十有二年。

春正月，以朱序爲青兗刺史，鎮淮陰。謝立爲會稽內史。夏四月，尊母李氏爲皇太妃。

五月，徵處士戴逵，不至。

秋七月。

後燕建興二年。	翟遼降燕。	
魏登國二年。		魏王珪以燕師擊劉顯，大破之，顯奔西燕。
前秦太初二年。後秦建初二年。後秦封苻纂爲魯王。		後秦主萇軍陰密，以太子興守長安。
		呂光殺張大豫。

	八月，立子德宗爲皇太子。	冬十月。	戊子，十有三年。春正月，康樂公謝玄卒。○注：謚獻武。劉宋封謝靈運爲康樂侯即此。○康樂，晉之縣名，劉宋末省入建城縣。故城在今高安縣東北四里。
五燕		翟遼復叛燕。	後燕建興三年。
魏			魏登國三年。翟遼自稱魏天王。○注：遼遣使謝罪于燕，燕主垂斬之。遼乃稱魏天王。
三秦	秦苻師奴殺其兄纂，後秦擊走之，而降其衆。		秦太初三年。後秦建初三年。西秦乞伏乾歸太初一年。秦主登軍朝那，後秦主萇軍武都。
五涼			
夏			
楊段			

夏四月，以朱序都督司雍等州軍事，戍洛陽。譙王恬都督兖冀等州軍事，鎮淮陰。

六月。

己丑，十有四年。

		後燕建興四年。
		魏登國四年。
	西秦王乞伏國仁卒。弟乾歸嗣。○注：乾歸還都金城，秦封以爲金城王。	秦太初四年。後秦建初四年。
		涼麟嘉一年。

	春二月。	秋八月。	庚寅，十有五年。春正月，西燕主永寇洛陽，朱序擊走之。還擊翟遼，又走之。二月，以王恭都督青、兗等州軍事。
五燕			後燕建興五年。
魏			魏登國五年。
三秦		秦主登擊安定，後秦主萇襲破其輜重。秦后毛氏被執，死之。	秦太初五年。後秦建初五年。
五涼	呂光自稱三河王。		
夏			
楊段			

秋九月，以王國寶爲中書令，王珣爲尚書僕射。	辛卯，十有六年。 冬十月。	壬辰，十有七年。
	後燕建興六年。翟遼死，子釗代領其衆。	後燕建興七年。
	魏登國六年。魏王珪擊柔然，破之。徙之雲中。劉卫辰攻魏南部，魏王珪破之，卫辰走死，諸部悉降。	魏登國七年。
	秦太初六年。後秦建初六年。	秦太初七年。後秦建初七年。

	夏五月朔，日食。冬十一月，以殷仲堪都督荆、益、寧州軍事。立子德文爲琅琊王，徙道子爲會稽王。李遼表，請修孔子廟，不報。○注：李遼，清河人。○《綱目》書：孔子廟三。是年壬午宋修孔子廟，乙酉梁修孔子廟。
五燕	燕主垂擊翟釗，釗奔西燕。
魏	
三秦	
五涼	
夏	
楊段	

癸巳，十有八年。秋七月。

冬十月。

十二月。

後燕建興八年。	燕主垂擊西燕。	
魏登國八年。		
秦太初八年。後秦建初八年。秦丞相竇衝叛，秦主登討之，後秦使太子興救衝，遂襲平涼。		後秦主萇卒，太子興帥兵擊秦。

甲午，十有九年。○注：是歲，秦及西燕亡。大三小二，凡五僭國。

春正月。

夏四月。

五月。

五燕	後燕建興九年。		
魏	魏登國九年。		
三秦	秦苻崇延初一年。後秦姚興皇初一。	秦主登及後秦戰，敗績。奔平涼。	後秦主興立。
五涼	三河王光以禿髮烏孤爲河西都統。○注：烏孤本鮮卑別種，與拓跋同祖，後徙河西。		
夏			
楊段			

六月，追尊會稽太妃鄭氏曰『簡文宣太后』。○注：群臣或謂宣太后宜配食元帝。太子前率徐邈曰：『太后平素不伉儷于先帝，子孫豈可爲祖考立配！』國學助教臧燾曰：『尊號既正，則罔極之情申；別建寢廟，則嚴禰之義顯；繫子爲稱，兼明貴之所由。一舉而合三義，不亦善乎？』乃立廟于太廟路西。

秋七月。

	後秦 主興擊秦主登，殺之。秦太子崇立奔湟中。

	八月，尊太妃李氏爲皇太后。	冬，隴西楊盛遣使來稱藩。○注：盛乃楊定叔父之子，先守仇池，稱爲秦州刺史、仇池公。至是稱藩，分氐羌爲二十部護軍，各爲鎮戍，不置郡縣。
五燕	燕主垂圍長子，拔之，殺西燕主永。	
魏		
三秦		秦王崇及隴西王楊定攻西秦，兵敗皆死，定弟盛稱藩于晉。○注：苻氏遂亡，西秦乞伏乾歸于是盡有隴西之地，自稱秦王。遣使如燕。
五涼		
夏		
楊段		

	乙未，二十年。春三月朔，日食。以丹陽王雅領太子少傅。夏五月。	秋九月。	丙申，二十有一年。
	後燕建興十年。燕遣其太子寶擊魏。		後燕慕容年。
	魏登國十年。	魏王珪將兵拒燕，燕夜遁，追至參合陂，大敗之。	魏皇始一年。
○注：是後，姚氏止稱秦。	秦皇初二年。		秦皇初三年。
	禿髮烏孤徙都廉川。		涼龍飛一。

	春閏三月。	夏五月。
	寶永康一年。後燕主垂襲魏平城。夏四月，還。卒于上谷，太子寶嗣。	燕以慕容德爲冀州牧，守鄴。慕容農爲并州牧，守晉陽。後燕主寶。
五燕		
魏		
三秦		
五涼		
夏		
楊段		

六月。

秋八月。

弑其太后段氏。○

注：初，燕主垂先段后生子令、寶，後段后生子朗、鑒，愛諸姬生子麟、農、隆、柔、熙。後段氏嘗言：『寶不能承燕祚。』至是，寶弑之。

後燕立子策爲太子。○

注：寶之子會，雄俊有器藝，垂愛之，遺命寶以爲嗣，寶愛

三河王光自稱涼天王。

九月，貴人張氏弒帝于清暑殿，太子德宗即位。會稽王道子進位太傅。冬十月，葬隆平陵。○注：帝嗜酒，流連內殿，外人罕得進見。張貴人寵冠後宮，時年近三十。帝戲之曰：『汝以年亦當廢矣！吾意更屬少者。』已而醉寢清暑殿。貴人使婢以被蒙帝面而弒之。重賂左右曰：『因魘暴崩。』時太子闇弱，王道子昏荒，遂不復推問。

五燕

少子策，立之，會始有異志。

魏

三秦

五涼

夏

楊段

封楊盛爲仇池公。○注：盛稱藩于晉，至是封之。

安皇帝。○注：名德宗，孝武之子。在位二十年，壽三十七歲。

丁酉，隆安元年。○注：舊大國三，西秦、涼小國二，新小國二，凡七僭國。春正月，帝冠。以王珣爲尚書令，王國寶爲左僕射。

三月，尊皇太后李氏爲太皇太后，立皇后王氏。

	後燕永康二年。	燕王寶襲擊魏，敗還。魏進圍中山，燕清河王慕容會引兵赴難，次薊。
	魏皇始二年。	
	秦皇初三年。	
	南涼禿髮烏孤太初二年。北涼段業神璽一年。禿髮烏孤自稱西平王，攻涼取金城。○注：是爲南涼。	

夏四月，以會稽世子元顯爲征虜將軍。○注：元顯年十六，有儁材，説會稽王道子以王、殷終必爲患，請潛爲之備。道子乃拜元顯爲征虜將軍。

五燕	燕主寶奔會軍。燕開封公慕容詳從寶不及，城中立以爲主，閉門拒魏。	燕主寶至龍城，慕容會作亂，不克，奔中山。
魏		
三秦		
五涼		涼沮渠蒙遜叛，據金山。○注：初，張掖盧水胡沮渠羅仇，匈奴沮渠王之後也，世爲部帥。
夏		
楊段		

秋七月。

慕容詳殺之。燕慕容詳稱帝于中山。○注：詳，開封公。

燕慕容麟襲殺詳而自立，魏襲中山，入其郛而還。○注：麟，燕趙王。

涼王光以爲尚書。涼段業叛，自稱建康公。沮渠蒙遜以衆歸之。○注：是爲北涼業，呂光之建康太守。

	九月。	戊戌，二年。○注：舊大國三，西秦、涼、南涼、北涼小国四，新小国一，凡八僭国。 春正月。
五燕		後燕慕容盛建平一年。南燕慕容德一年。燕慕容德徙居滑臺，稱燕王。○注：燕范陽王德自鄴帥户四萬南徙滑臺。魏衛王儀入鄴，追德至河，弗及。慕容麟上尊號于德，德用兄垂故事，稱燕王。
魏		魏天興一年。魏王珪北還，徙山東，民十餘萬口以實代。
三秦	秦太后虵氏卒。	秦皇初五年。
五涼		
夏		
楊段		

二月，以王愉都督江、豫州軍事。

三月。

以統府行帝制，置百官，是爲南燕。○德，皝少子。

燕王寶將兵發龍城衛卒，段速骨作亂，衆潰而還。段

魏封爾朱羽健于秀容川。○注：秀容川酋長爾朱羽健從魏王珪。晉陽中山有功，環其所居，割地三百里以封之。

北涼攻涼，取西郡、晉昌、燉煌、張掖。

秋七月，王恭、殷仲堪及南郡公桓玄反，玄陷江州。〇注：玄，温之子也。

九月，加會稽王道子、黄鉞討王恭，恭司馬劉牢之執恭以降，斬之。以牢之都督青、兖七州軍事，桓玄爲江州刺史。敕殷仲堪使回軍。

五燕	速骨陷龍城，燕主寶出奔，尚書蘭汗誘而弒之。	燕長樂王盛討殺蘭汗，攝行統制。	
魏		魏遷都平城。	
三秦			
五涼			南涼取嶺南五郡。
夏			
楊段			

冬十月，復以殷仲堪督荆益軍。仲堪等罷兵還鎮。	十二月。	己亥，三年。春正月。	二月。
燕長樂王稱皇帝。		後燕長樂一年。南燕慕容德二年。	
	魏王珪稱皇帝。	魏天興二年。	魏王珪襲高車，大破之。
		秦弘始一年。	
		後涼呂纂咸寧一年。南涼天璽一年。南涼徙治樂都。	北涼段業自稱涼王。○注：以沮渠蒙遜爲尚書。

三月，追尊所生母陳氏爲德皇太后。夏四月，以會稽世子元顯爲揚州刺史。

秋八月。

五燕		南燕苻廣叛，南燕王德擊斬之。滑台降魏，德遂東寇青兗。	南燕王德陷廣固，殺幽州刺史辟閭渾，遂都之。
魏	○注：高車，西域國名。自是，諸部大震。	魏分尚書諸曹，置五經博士。○注：令郡縣大索書籍，悉送平城。	
三秦			
五涼	左丞梁中庸爲右丞。		南涼王烏孤卒，弟利鹿孤嗣，徙治西平。
夏			
楊段			

九月。

冬十月，孫恩寇會稽，詔徐州刺史謝琰及劉牢之討破之。以琰爲會稽太守，以會稽世子元顯録尚書事。桓玄舉兵攻江陵，殺殷仲堪、楊佺期。

庚子，四年。○注：是歲，西秦降秦。舊大國三，涼、南涼、北涼、南燕小國四，新小國一，凡八僭國。

秦王興降號稱王。○注：興以災異屢見，故降號稱王，使公卿以下各降一等。

涼王光卒，太子紹嗣，庶兄纂弑而代之。

後燕長樂二年。南燕德建平一年。

魏天興三年。

秦弘始二年。

南涼利鹿孤建和一年。西涼公李暠庚子一年。

春正月。

二月，詔桓玄都督荊江八州軍事、荊江州刺史。

六月朔，日食。

五燕	後燕主盛自貶，號庶人天王。	
魏		魏立慕容氏爲后。○注：燕王寶之幼女。
三秦	西秦遷都苑川。	
五涼		涼呂宏作亂，涼王纂殺之。○注：宏，纂之弟。北涼以李暠爲燉煌太守。○注：暠，隴西人，好文學有惠政。
夏		
楊段		

秋七月，太皇太后李氏崩。九月，地震。○注：自晉武太康九年書地震，至是一百一十三年，然後復見。自是至于五代書地震九而已，然則地震之數莫甚于兩漢者矣。	冬十一月，詔劉牢之討孫恩，走之。以會稽世子元顯都督揚、豫等十六州軍事。
秦擊西秦，西秦王乾歸戰敗，奔南涼。遂降秦。	
	李暠自稱涼公。○注：是爲西涼。

	十二月，有星孛于天津。會稽世子元顯解録尚書事。	辛丑，五年。春正月。
五燕	南燕王德稱帝，更名備德。	後燕慕容熙光始一年。南燕建平二年。
魏	魏置僊人博士。	魏天興四年。
三秦		秦弘始三年。
五涼		涼王呂隆神鼎一年。北涼沮渠蒙遜永年安一。南涼利鹿孤更稱河西王，以其弟傉檀都督中外，録尚書事。
夏		
楊段		

二月。

三月，孫恩功海鹽，劉牢之參軍劉裕擊破之。○注：初，彭城劉裕生而母死，父翹僑居京口，家貧，將棄之。劉懷敬之母，裕從母也，往救而乳之。及長勇健有大志，僅識文字。以賣履爲業，好樗蒲爲鄉閭所賤。至是，牢之引參軍事。

夏五月。

秦 乞伏乾歸還鎮苑川。

涼 呂超弒其君纂，而立其兄隆，纂后楊氏自殺。

南涼 擊涼，徙其民二千户以歸。

北涼 沮渠蒙遜弒其君業。

	六月，孫恩寇丹徒，劉裕擊破之，恩北走陷廣陵。	秋七月。	八月，以劉裕爲下邳太守，討孫恩于郁洲，大破之。	九月。
五燕			燕段璣弑其君盛，太后丁氏立盛叔父熙，討璣，殺之。	
魏				
三秦		秦伐涼，大破之。西涼、南涼、北涼皆遣使入貢。		
五涼	沮渠蒙遜自稱張掖公。○注：亦號北涼。			涼王隆遣。
夏				
楊段				

冬十一月，劉裕擊孫恩，破之。	壬寅，元興元年。春正月，以尚書令元顯爲征討大都督，加黄鉞，討桓玄。玄舉兵反，兵至姑孰，劉牢之叛附于玄，元顯軍潰。玄入建康，自以太尉，總百揆，殺元顯等，以牢之爲會稽内史，牢之自殺。
	後燕光始二年。南燕建平三年。
	魏天興五年。
	後秦宏始四年。
使降秦。	南涼秃髮傉檀宏昌一年。

二月。

三月，孫恩寇臨海郡，兵擊破之，恩赴海死，玄以恩黨盧循爲永嘉太守。夏四月，玄出屯姑孰。

五月，盧循寇東陽，劉裕擊走之。玄殺會稽王道子。

五燕			燕王熙殺其太后丁氏。○注：燕王熙納苻謨二女，有寵。丁太后怨恚，與兄子尚書信謀廢熙，立章武公淵。事覺，熙逼丁太后，令自殺，
魏			
三秦	秦立太子泓爲太子。		秦遣使授南涼、北涼、西涼官爵。
五涼	南涼王利鹿孤卒，弟傉檀嗣。		
夏			
楊段			

癸卯，二年。○注：是歲涼亡。大三，小四，凡七僭國。

春，桓玄自爲大將軍。

夏四月朔，日食。

秋九月，玄自爲相國。

封楚王加九錫。

并殺淵並信。○按丁氏書太后矣，則其不書弑，何罪丁氏也？初，熙得幸丁氏，丁氏廢太子定而立熙，既而爭寵，又欲廢熙，則不足，以母一國矣。故《綱目》特書殺。

後燕光始三年。南燕建平四年。

南燕

講武城西。

魏天興六年。

後秦宏始五年。

冬十一月，楚王玄稱皇帝，廢帝爲平固王，遷于尋陽。○注：初，玄表請歸藩，使帝作手詔固留之。至是，卞範之作禪詔，逼帝書之。遣王謐禪位于楚。百官詣姑孰勸進。玄築壇于九井山北，即帝位，改元永始。玄入建康宮，登御座而牀忽陷，羣下失色。益州刺史毛璩起兵討玄。

甲辰，三年。

五燕：後燕光始四年。南燕建平五年。

魏：魏天賜一年。

三秦：後秦宏始六年。

五涼

夏

楊段

春二月，劉裕起兵京口討玄，玄使弟謙拒之。

三月，劉裕及桓謙戰于覆舟山，大破之。玄出走，裕立留臺于石頭。○注：裕入建康，徙屯石頭城，立留臺百官，焚桓温神主，迎晉新主，納于太廟，遣諸將追玄。玄至尋陽，逼帝西上，劉毅等率兵追之。○注：毅，劉邁之弟，沛人，家于京口。劉裕推武陵王遵承制行事。

南涼去年號罷尚書官。○注：畏秦之强。

夏四月，玄挾帝入江陵。何無忌等及玄兵戰于桑落洲，大破之，得太廟神主送建康。玄挾帝東下。五月，劉毅等及玄戰于崢嶸洲，大破之。玄復挾帝入江陵。寧州督護馮遷討玄，誅之，帝復位。閏月，桓振襲江陵，陷之。劉毅等進兵討之，不克。

五燕

魏

三秦

五涼

夏

楊段

秋七月，永安皇后何氏崩。冬十月，盧循陷番禺。徐道覆陷始興。劉毅等復攻桓振，諸城壘皆克之。

十一月。

乙巳，義熙元年。

燕王熙與后苻氏，遊白鹿山。○注：時士卒爲虎狼所害及凍死者，五千餘人。

後燕光始五年。南燕慕容超太上一年。

魏天賜二年。

後秦弘始七年。

西涼建初一年。

春正月，毅等入江陵。桓振亡走，桓謙奔秦。西涼公暠遣使來上表。二月，帝東還。三月，桓振復襲江陵，將軍劉懷肅與戰，誅之。帝至建康，除拜琅琊王德文、武陵王遵、劉裕以下有差。

夏四月，以劉裕都督十六州軍事出鎮京口。以盧循爲廣州刺史。

五燕		南燕主備德封其兄子超爲北海王。
魏		
三秦	秦以鳩摩羅什爲國師。西涼公暠遣使上表。	
五涼		
夏		
楊段		

○注：初，備德仕秦，爲張掖太守，後與燕主垂舉兵張掖，收備德兄納及諸子，殺之。納妻段氏，方娠未決。獄掾呼延平，備德之故吏也，竊以逃羌中。段氏生超，十歲，平又以超母子奔涼。及吕隆降秦，徙長安而平卒。段氏爲超娶其女，超恐爲秦所録，徉狂行乞。備德遣人往視之，超不敢告其母妻，潛變姓名逃歸。

	五月，劉毅、何無忌討滅桓玄餘黨，荆、湘、江、豫皆平。秋七月，劉裕遣使求和于秦，得南鄉等十二郡。	九月。	丙午，二年。
五燕	備德見超至，大喜，封爲北海王，德無子，即以爲嗣。	南燕主備德卒，太子超嗣。	後燕光始八年。南燕太上二年。
魏			魏天賜三年。
三秦			後秦始弘八年。秦姚碩德自上邽還長安。
五涼		西涼徙都酒泉。	
夏			
楊段			

夏六月。

冬十月，論建義功封賞劉裕等有差。

丁未，三年。○注：是歲，後燕慕容熙亡。舊大國二，南涼、北涼、南燕、西涼小國四，新小國二，凡八僭國。

正始初年。		
南燕太上三年。北燕高雲正始一年。		
魏天賜四年。		
後秦宏始九年。秦以乞伏乾歸爲主客尚書。	西秦乞伏乾歸如秦。	○注：碩德隴西公與晉公緒皆秦主興之叔父，興事之皆如家人禮。車馬、服玩，先奉二叔而自服其次，國家大政皆諮而後行。
		秦以秃髮傉檀爲涼州刺史，守姑臧。
夏赫連勃勃龍升一年。		

	春正月。
五燕	
魏	
三秦	○注：秦王興以乞伏乾歸寖强難制，留爲主客尚書。以其世子熾磐行西夷校尉，監其部衆。
五凉	
夏	○注：勃勃魁岸，美風儀，性辯慧。秦王興見而奇之，以爲有濟世才，乃以爲將軍，使助没奕干鎮高平，伺魏間隙。興弟邕切止之，久之，竟配雜虜二萬餘落，使鎮朔方。會魏王珪歸所虜秦將于秦，興歸賀狄干以報之。勃勃怒，遂謀叛秦，襲殺没奕干而并其衆，自爲夏后氏之苗裔，稱大夏天王。
楊段	

閏二月，劉裕殺東陽太守殷仲文及桓沖孫胤，夷其族。

夏四月。

六月。

後燕

后苻氏卒。後燕主熙廢其太后段氏。

赫連

勃勃自稱大夏天王。〇

注：勃勃，劉衛辰之少子，本匈奴南單于之苗裔。至是，自稱大夏天王，謂帝王系與天爲子，是爲徽赫，

秋七月朔，日食。涼王暠復遣使來上表。

五燕		燕高雲弒其主熙，自立爲天王。○注：是爲北燕。○初燕將軍馮跋得罪于燕，亡命山澤，因民之怨，欲舉大事。入龍城，匿于孫護家。及燕主熙葬
魏		
三秦		
五涼		涼公暠復遣使上表于晉。
夏	實與天相連。改姓赫連，其非正統者，皆以鐵伐爲氏，庶朕宗族皆剛鋭如鐵，堪伐人也。勃勃字屈子，小字曰屈丐。	夏王勃勃破薛乾等部，降之。遂進攻秦及南涼，大破之。
楊段		

戊申，四年。

后苻氏，徒跣送葬，跋等與張興作亂，推熙養子夕陽公雲爲主，帥衆入宮，即天王位。執熙殺之，復姓高氏，以跋録尚書事。

南燕遣使稱藩，獻太樂伎于秦。秦遣其母妻還之。○注：時南燕主超母妻猶在秦也。

南燕太上四年。北燕高雲正始二年。

魏天賜五年。

後秦弘始十年。

南涼嘉平一年。

春正月，劉裕自爲揚州刺史，録尚書事。

冬十一月。

己酉，五年。○注：舊大國二，南涼、北涼、南燕、西涼、燕、夏小國六，新小國一，凡九僭國。

春正月。

南燕 汝水竭。

南涼 復稱王。

五燕	南燕太上五年。北燕馮跋太平一年。○注：馮跋，信都胡人。
魏	魏拓跋嗣永興一年。
三秦	後秦弘始十一年。西秦更始一年。秦封譙縱爲蜀王。○注：縱，蜀人，本晉益州刺史毛璩之參軍，殺毛璩自稱成都王，嗣稱藩于秦。劉敬宣等討之，
五涼	
夏	
楊段	

二月。三月，恒山崩。

夏四月，劉裕伐南燕。

六月，及燕師戰于臨朐，大破之。遂圍廣固。

秋七月。

九月。

		雷震魏天安殿。○注：與大風，毁莽王路堂，皆大異也。		
秦遣兵殺之，不克。至是，秦封爲蜀王。	乞伏乾歸自秦逃歸。		西秦復稱王。	秦王興伐夏，夏王勃勃襲而敗之。

冬十月。

北燕 魏清 西秦

弑其君河王紹弑以焦遺爲雲，馮跋其君珪，太子太自立爲天齊王嗣討師。王。○注：紹，誅之弑君者，寵而自立。臣離班、桃仁也。馮跋討斬之，遂即天王位。

○注：魏故事，立嗣子輒殺其母，拓跋珪將立嗣爲子，乃賜嗣母劉貴人死，召嗣諭之，嗣哀泣不自勝，乃逃匿于外避之。初，珪見賀夫人之妹美，殺其夫，納之生紹，紹無賴且殘，珪至是譴責賀夫人，將殺之，未決。

五燕 魏 三秦 五凉 夏 楊段

庚戌，六年。○注：是歲，南燕亡。大二，小六，凡八僭國。

春二月，劉裕拔廣固，執南燕主超送建康，斬之。○注：司馬公曰：『晉自渡江以來，威靈不競，戎狄橫騖，虎噬中原，劉裕始以王師剪平東夏，不于此際旌禮賢俊，慰撫疲民，使羣士嚮風遺黎企踵，而更恣行屠戮以快忿心。

北燕馮跋太平二年。

夫人寄使告紹，紹與宮人通謀，踰垣入宮弒珪。

魏永興二年。

後秦弘始十二年。

迹其設施，曾苻、姚之不如，宜其不能蕩一四海，成美大之業也。豈非有智勇而無仁義使之然哉！』盧循寇長沙、南康、廬陵、豫章，陷之。劉裕引軍還。

三月，何無忌討徐道覆，戰敗，死之。夏四月，劉裕至建康。五月，劉毅及盧循戰于桑落洲，敗績，循進逼建康。六月，劉裕自爲太尉、中書監，加黃鉞。復辭官而受黃鉞。

五燕

魏

三秦

五涼

南涼擊北涼，敗績，遂遷于樂都。

夏

楊段

○注：上書自爲，下書復辭，後書始受。裕之譎，可見矣。宗室司馬國璠自弋陽奔秦。○注：桓玄之亂，河間王曇之子國璠、叔璠奔南燕。還，寇陷弋陽。至是，奔秦，秦王興曰：『劉裕方誅桓玄，輔晉室，卿何爲來？』對曰：『裕削弱王室，臣宗族有自修立者，裕輒除之。方爲國患，甚于桓玄耳。』冬十月，劉裕南擊盧循。十二月，劉裕及盧循戰于大雷，又戰于左里，大破之。循及道覆南走，裕遣劉藩等追至始興，斬徐道覆。○注：藩，毅之從弟，掖人。

	辛亥，七年。春正月。
五燕	
魏	魏永興三年。
三秦	後秦弘始十三年。秦王興以其子弼爲尚書令。西秦復降于秦。
五涼	北涼拔姑臧，遂攻南涼，不克。南涼攻北涼，大敗而還。
夏	夏攻秦杏城，斬其守將姚詳。遂攻安定、東鄉，皆克之。
楊段	

三月，劉裕始受太尉、中書監之命。夏四月，盧循寇番禺，不克，走交州，刺史杜慧度擊斬之。詔劉毅兼督江州軍事。	壬子，八年。夏四月，以劉毅都督荊、寧、秦、雍軍事。
	魏永興四年。
西秦攻南涼，敗其兵。西秦攻秦柏陽堡、水洛城，皆克之。	後秦弘始十四年。西秦乞伏熾磐永康一年。
北涼襲西涼，不克。	北涼玄始一年。

六月，皇后王氏崩，葬僖皇后。

冬，太尉裕帥師襲荊州，殺都督劉毅。十二月，太尉遣朱齡石帥師伐蜀。太尉裕自加太傅、楊州牧，復辭不受。〇注：上書自加，下書復辭，于是再見。裕之譎，又可見矣。

五燕		
魏		
三秦	西秦乞伏公府弒其君乾歸。秋，世子熾磐討公府，誅之而自立。	
五涼		北涼遷于姑臧。〇注：蒙遜始稱河西王，置官僚。
夏		
楊段		

癸丑，九年。春，太尉裕還建康，殺豫州刺史諸葛長民。詔申土斷之法，併省流寓郡縣。○注：土斷者，以土著之例爲決斷。時唯青、兗、徐三州居晉陵者，不在斷法。秋七月，朱齡石入成都，譙縱走死，詔齡石監六郡軍事。

魏永興五年。

後秦弘始十五年。秦太尉索稜以隴西降西秦。

夏鳳翔一年。夏築統萬城。

	冬。	甲寅,十年。○注:是歲,南涼亡。大二小五,凡七僭國。春三月,太尉裕廢譙王文思爲庶人。○注:文思,司馬休之之子也。	夏五月。秋九月朔,日食。	乙卯,十有一年。
五燕				
魏	魏遣使請昏于秦。	魏神瑞一年。		魏神瑞二年。
三秦		後秦弘始十三年。	西秦襲滅南涼,以傉檀歸殺之。	後秦弘始十七年。
五涼			南涼傉檀被西秦襲殺之。	
夏				
楊段				

春，太尉裕帥師擊荆州，都督司馬休之拒戰，衆潰。司馬休之出奔秦，秦以爲揚州刺史。太尉裕履劍上殿，入朝不趨，贊拜不名。北涼上表内附。秋七月晦，日食。八月，太尉裕還建康，以劉穆之爲左僕射。熒惑不見，八十餘日，復出東井。

	魏薦饑。
	秦大旱。
北涼攻西秦，拔廣武。北涼蒙遜遣使上表内附。	
夏攻秦杏城，拔之。	

	冬十月。	丙辰，十有二年。春正月，太尉裕自加都督二十二州軍事。三月，太尉裕自加中外大都督，戒嚴伐秦。詔遣琅邪王德文修敬山陵。
五燕		
魏		魏泰常一年。
三秦	秦送女于魏，魏以爲夫人。	秦姚泓永和一年。秦姚弼、姚愔作亂，伏誅。秦王興卒，太子泓嗣。
五涼		
夏		
楊段		

秋八月，太尉裕督諸軍發建康。冬十月，將軍檀道濟克洛陽。詔遣司空高密王恢之修謁五陵。

十二月，太尉裕自加相國、揚州牧，封宋公，備九錫，復辭不受。〇注：上書自加，下書復辭，後書始受，于是三見。裕之譎，益可見矣。按自董卓以來，除拜書自多矣。卓三書，操四書，惟裕七書，裕亦專甚矣。

魏

丁零翟猛雀作亂，魏討平之。

西秦

遣使內附，裕以爲平西將軍、河南公。秦姚懿反，伏誅。

丁巳，十有三年。○注：是歲，秦亡。大一，小五，凡六僭國。

春正月朔，日食。太尉裕引水軍發彭城。

二月。三月，太尉裕遣使假道于魏，魏遣兵屯河北，裕遂引兵入河。

五燕		
魏	魏泰常二年。	
三秦	後秦永和二年。秦姚恢反，伏誅。	
五涼	西涼李歆嘉興一年。	西涼公李暠卒，世子歆嗣。
夏		
楊段		

夏四月，太尉裕遣兵擊魏于河上，大破之。太尉裕入洛陽。秋七月，太尉裕至潼關，遣王鎮惡帥水軍自河入渭，大破秦兵。遂入長安，秦主泓出降。

九月，太尉裕至長安，送姚泓詣建康，斬之。

魏置六部大人。○注：以天地四方爲號。	
	夏人進據安定。○注：夏人知裕取關中，不能久留，乃進據安定。嶺北郡縣，皆降之，裕約爲兄弟，勃勃報之。

	冬十月，太尉裕自進爵爲王，增封十郡，復辭不受。○注：上書自進下書復辭，後書始受，至是四見矣，天下之譎未有如裕者也。 十二月，太尉裕東還，留子義真都督雍、梁、秦州軍事。夏王勃勃遣兵向長安。		戊午，十有四年。春正月，王鎮惡、沈田子帥師拒夏兵，田子矯殺鎮惡，安西長史王修討田子，斬之。
五燕			
魏			魏泰常三年。
三秦			
五涼			
夏		夏王勃勃遣兵向長安。	夏昌武一年。
楊段			

參軍傅弘之擊夏兵，却之。太尉裕至彭城，解嚴。琅邪王德文還建康。夏六月，太尉裕始受相國、宋公、九錫之命。

冬十月，以西涼公李歆爲鎮西大將軍。劉義真殺其長史王修，關中大亂。十一月，夏王勃勃陷長安，義真逃歸。

魏天部大人、白馬公崔宏卒。○注：謚號文貞。

西涼公李歆奉詔爲鎮西將軍。○注：歆遣使告襲位。故有是命。

○注：初，裕之東還也。以子義真爲安西將軍守關中，王修爲長史，鎮惡爲司馬，田子等爲參軍。及拒夏兵，田子矯殺鎮惡，王修討斬田子，自相殘害。至是義真又斬王修，于是人情離駭，關中大亂。夏王之取長安，如拾芥耳。夫裕在長安，夏人已進據安定，裕非懵于事者，學弈方勤，鴻鵠已至。于是舉崤函而棄之，踵未及旋，故都已失。書太尉東還，留子都督秦雍，裕之經略可知矣。流涕北望，果何益哉。彗星見。○注：王莽篡位，星亦如此。其劉裕將篡之，應乎。

五燕

魏

三秦

五涼

夏

夏王勃勃稱皇帝。

楊段

十二月，宋公劉裕弑帝于東堂，奉琅邪王德文即位。〇注：裕使侍郎王韶之與帝左右密謀弑帝，韶之乘間以散衣縊帝于東堂。〇韶之，琅邪臨沂人。以北涼王蒙遜爲涼州刺史。	恭皇帝。〇注：名德文，安帝之弟，在位二年。己未，元熙元年。春正月，立皇后褚氏，葬休平陵。〇注：上元縣境内。
	魏泰常四年。
北涼王蒙遜奉詔爲涼州刺史。〇注：蒙遜稱藩，故有是命。	
	夏真興一年。

宗室司馬楚之據長社。○注：宗室有才望者，多爲劉裕誅翦，楚之亡匿蠻中。及從祖休之奔秦，楚之乃亡之汝潁間，聚衆以復仇。楚之少有英氣，折節下士，有衆萬餘，屯據長社。裕使沐謙往刺之，楚之待謙過厚，精意勤篤，謙不忍發，乃出匕首以狀告。遂委身事之，爲之防衛。轉屯柏谷塢。

夏四月。

五燕		
魏		魏有事于東廟。○注：助祭者數百國。
三秦		
五涼		西涼地震，星隕。
夏	夏王勃勃還統萬。	
楊段		

秋七月，宋公裕始受進爵之命，移鎮尋陽。冬十月，以劉義真爲揚州刺史。十一月朔，日食。十二月，宋王裕自加殊禮，進太妃爲太后，世子曰太子。

庚申，二年。○注：是歲，晉亡，宋代，凡七國。

宋高祖劉裕永初一年。

北燕馮跋太平十一年。

魏拓跋嗣泰常五年。

西秦乞伏熾磐建弘一年。

北涼武宣王蒙遜玄始八年。西涼公李恂永建一年。

夏世祖赫連勃勃真興二年。

夏四月，長星出竟天。六月，宋王裕還建康，稱皇帝，廢帝爲零陵王，兵守之。宋尊王太后爲皇太后。宋改晉封爵，封拜功臣子弟有差。

秋，宋交州刺史杜慧度擊林邑，大破，降之。八月，宋立子義符爲皇太子。宋爲晉諸陵置守衛。

五燕		
魏		
三秦		
五涼		北涼王蒙遜誘西涼公歆與戰，殺之，遂滅西涼。
夏		
楊段		

冬。

冬。
西涼李恂入燉煌，稱刺史。